GEORG WILHELM FRIEDRICH HEGEL

Dissertatio philosophica de orbitis planetarum

Philosophische Dissertation über die Planetenbahnen

Lateinisch–Deutsch

Übersetzt von Georg Lasson

Mit einer Einleitung herausgegeben von Martin Walter

FELIX MEINER VERLAG
HAMBURG

PHILOSOPHISCHE BIBLIOTHEK BAND 749

Bibliographische Information der Deutschen Nationalbibliothek

Die Deutsche Nationalbibliothek verzeichnet diese Publikation in der Deutschen Nationalbibliographie; detaillierte bibliographische Daten sind im Internet über ‹http://portal.dnb.de› abrufbar.

ISBN 978-3-7873-4044-6

ISBN eBook 978-3-7873-4045-3

 Satz: Type & Buch Kusel, Hamburg. Druck und Bindung: Beltz, Bad Langensalza. Gedruckt auf alterungsbeständigem Werkdruckpapier, hergestellt aus 100% chlorfrei gebleichtem Zellstoff. Printed in Germany.

INHALT

GEORG WILHELM FRIEDRICH HEGEL
TEXTE ZUR HABILITATION (1801)

EINLEITUNG

Unter den Sternen ergehet sich
Mein Geist, die Gefilde des Uranus
Überhin schwebt er und sinnt; einsam ist
Und gewagt, ehernen Tritt heischet die Bahn.

Friedrich Hölderlin (1789)

Dieses Buch versammelt Hegels drei erhaltene lateinische Texte zu seiner Habilitation an der Universität Jena im Sommer 1801. Ein kleines Erbe, bedingt durch den Tod des Vaters, ermöglichte es ihm, dem Frankfurter Hauslehrerdasein den Rücken zu kehren und das eigene System im ersehnten akademischen Umfeld weiter auszuarbeiten (Rosenkranz 1844, 131–144). Zu den drei erhaltenen Texten Hegels gehören zunächst die zwölf Thesen, die er am 27. August – an seinem 31. Geburtstag – zu verteidigen hatte, sowie ein handschriftlicher Entwurf, der die offiziellen Anreden an die Teilnehmer der Disputation notiert. Die eigentliche Dissertation ist Hegels sogenannte „Planetenschrift" oder *Philosophische Dissertation über die Planetenbahnen*. Sie wird hier in der leicht überarbeiteten, längst vergriffenen Übersetzung Georg Lassons (1928) gebracht; die Thesen wurden gleichfalls seiner Übersetzung entnommen; der Text zur Disputation wurde erstmals übertragen.[1] Diese lateinischen Texte sind unter Aussparung der Varianten des kritischen Apparats dem fünften Band der *Gesammelten Werke* entnommen.[2]

[1] Schellings erhaltene Randbemerkungen auf dem Thesenblatt werden dieser Ausgabe nicht beigegeben (GW 5: 614f.). Die Originalpaginierung von Lassons Übersetzung und der *Gesammelten Werke* wird im Kolumnentitel jeweils innenstehend vermerkt. Im Fließtext selbst werden die Seitenübergänge durch einen senkrechten Strich (|) markiert.

[2] Georg Wilhelm Friedrich Hegel: *Gesammelte Werke (GW)*. Band 5. *Schriften und Entwürfe 1799–1808*. Unter Mitarbeit von Theodor Ebert. Hg. v. Manfred Baum und Kurt Rainer Meist. Verfasser des Anhangs K.R. Meist. Hamburg 1998.

Hegel reichte seine Habilitationsschrift aufgrund von Zeitdruck nach, sodass Disputation und Dissertation nicht in einem gedruckten Heft erschienen, sondern als zwei gesonderte Drucke. Die Nachreichung geschah erst Wochen nach der Disputation, nämlich genau einen Tag vor dem angekündigten Beginn seiner Vorlesungen, am 18. Oktober, und damit zum allerletztmöglichen Termin. Der für Hegel zuständige Lehrstuhlinhaber für Logik und Metaphysik, Justus Christian Hennings (1731–1815), war sogar geneigt, die bereits angeschlagenen Vorlesungen „ohne Umstände" abzusagen, da Hegel sich vermutlich „alles erschlichen" habe (Kimmerle 1967a, 42).

Diese Einleitung verfolgt das Ziel, Quellenmaterial zu den zeitgeschichtlichen Kontexten von Hegels *Philosophischer Dissertation über die Planetenbahnen* zu versammeln und zu präsentieren. Die Notwendigkeit für ein derartiges Unterfangen ergibt sich aus der unsachlichen Instrumentalisierung des Textes durch einige Gegner Hegels. Walter Jaeschke bringt es auf den Punkt: „Die bis in die Gegenwart verbreitete Kritik bietet hier in einer konfusen Mischung aus Ressentiment und Ignoranz das Beispiel einer verkehrten Welt" (2016, 101). Diese Ressentiments erscheinen dabei selbst als Anachronismen.

Hegels naturphilosophische Habilitation befindet sich auf der Höhe ihrer eigenen Zeit. Der Eigenanspruch Hegels, dass „die Philosophie […] ihre Zeit in Gedanken" erfasse (GW 14,1: 15), ist mit seiner Planetenschrift wenigstens ansatzweise eingelöst. Die Kritiken an ihr bringen hingegen zum Ausdruck, dass Hegel gerade diese Zielsetzung seiner Philosophie grundständig verfehlt habe: „Zu einer Zeit wo Ceres ihm unbewußt schon entdekt war, beweist [er], daß es keine Ceres geben kann" (S. LV). Oder Rosenkranz: „Hegel schrieb seine Dissertation im Frühjahr und Sommer 1801, muß jedoch offenbar von Piazzi's Entdeckung der Ceres am 1. Januar noch nichts gewußt haben" (1844, 154). An dieser angeblich „offenbaren" Unkenntnis jenes gerade entdeckten Himmelskörpers scheiden sich in der Folgezeit die Geister.

1. *Hat Hegel die Ceres „dialektisch vernichtet"?*

Im übermäßig großen und dem damaligen Beobachter allzu leer erscheinenden Raum zwischen Mars und Jupiter müsse noch ein weiterer Hauptplanet unseres Sonnensystems existieren und demzufolge auffindbar sein, so die Hypothese einiger bedeutender Astronomen des 18. Jahrhunderts. Und tatsächlich wurde dort ein Himmelskörper entdeckt. Die Ceres wurde erstmals vom Astronomen Giuseppe Piazzi (1746–1826) ab der Neujahrsnacht 1801 gesichtet und von einigen führenden Fachkollegen sogleich zu jenem gesuchten „Hauptplaneten" erklärt. Hegels zeitgleiche naturphilosophische Dissertation soll die hochaktuelle Sichtung schlichtweg ignoriert haben. Er sei sogar zu dem gegenteiligen, absurden Ergebnis gekommen, dass zwischen Mars und Jupiter überhaupt kein Planet zu suchen sei (S. 73). Der Naturforscher Matthias Schleiden (1804–1881) sprach unter diesen Prämissen von einer „dialektischen Vernichtung" der Ceres durch Hegel. Und noch Jahre später habe Hegel diesen Vorfall mit einem heute noch vielzitierten Diktum lapidar abgetan: „Umso schlimmer für die Wirklichkeit, wenn ihre Tatsachen nicht dem Denken entsprechen".[3]

Wenn man die Schrift jedoch im Zusammenhang mit Hegels philosophischem Entwicklungsgang und ihrem zeitgeschichtlichen Kontext betrachtet, ergibt sich ein differenzierteres Bild. Es wäre ein Fehler, die kleine Schrift *prima facie* aus der Hegel-Lektüre im Sinne einer Jugendsünde zu streichen.[4] Denn Hegel

[3] Erstmals wurde Hegel dieses Diktum vermutlich anlässlich der französischen Ausgabe von Darwins *Entstehung der Arten* untergeschoben. *De l'Origène des Espèces par Sélection naturelle ou des lois de transformation des êtres organisés. Par Ch. Darwin.* 2. Aufl. Paris 1866. Clémece Royer vorredet: „Bien lions de dire comme Hegel: Tant pis pour les faits! ces philosophes pour la nature les interrogent au contraire avec une conscience scrupuleuse, et se rattachant par-là à l'école empirique, née en Angleterre avec Locke […]" (xxxj).

[4] In der TWA (Frankfurt/M. 1971 ff.) hätte die *Dissertatio* in Band 2, *Jenaer Schriften*, zum Abdruck kommen müssen. Allerdings wurde sie

begreift die *Dissertatio philosophica de oribitis planetarum* keineswegs als Widerlegung der Existenz eines soeben entdeckten Himmelskörpers, sondern als Kritik an einer mathematisch-mechanisch orientierten Naturwissenschaft, die ihre Begriffe und Erklärungsansätze nicht philosophisch reflektiert, sich aber ihrerseits als echte Philosophie ausgibt. Zur Erklärung natürlich-organischer Phänomene seien ihre Ansätze jedoch nur unter Vorbehalt heranzuziehen.

Hegels „famöse Doctor Dissertation“ (Schumacher) gewährt – so ist es aufgrund des bisher Gesagten zu erwarten – interessante Einblicke in eine Wissenschaftskontroverse, die sich im Spannungsfeld zwischen den empirisch-mathematisch arbeitenden Naturwissenschaften und der idealistisch-gedankenexperimentierenden Naturphilosophie aufhält.[5] Hegel schaltete sich somit in eine naturphilosophisch-astronomische Streitsache ein, die besonders hinsichtlich zweier Aspekte diskutiert wurde: zunächst, ob es überhaupt noch einen weiteren Hauptplaneten im Sonnensystem geben müsse, und zum anderen, ob die entdeckte Ceres als ein solcher zu klassifizieren sei; „denn es fragt sich immer wieder, was denn nun die schärfsten Unterschiede der Planeten und Kometen seyen“ (Schelling 1802, 127). Diese Auseinandersetzung ist im Jahr 1801 mitnichten entschieden. Größen wie Herschel, Bode oder Zach disputierten um den Status des Himmelskörpers. Und Hegel hält sich mit seiner Ansicht ganz innerhalb des Spektrums ernsthaft erwogener Optionen auf, die die Ceres wahlweise als Asteroiden, Kometen, Kleinplaneten, Planeten, Hauptplaneten oder gar Planetenfragment einstuften. Unter den zahlreich erörterten Möglichkeiten vertritt er mit gutem Recht und im Verein mit vielen Fachastronomen, bei-

von den Redakteuren Moldenhauer und Michel nicht aufgenommen, da sie auf Latein verfasst ist (TWA 2: 584).

[5] Das Philosophem „Gedankenexperiment“ hat wohl der mit Schelling bekannte Hans Christian Ørsted in die Naturphilosophie eingeführt. Vgl. Johannes Witt-Hansen: „H. C. Örsted, Immanuel Kant, and the thought-experiment“. In: *Danish Yearbook of Philosophy* 13 (1976), 48–65.

spielsweise zunächst sogar mit dem Entdecker Piazzi, dass zwischen Mars und Jupiter kein *Hauptplanet* existiere; damit steht aber die Existenz der Ceres keineswegs in Abrede. Ob es sich um einen Kometen handle oder ein anderes Phänomen, dazu schweigt Hegel. Aus diesem Schweigen ist zulässigerweise nicht zu folgern, dass dort überhaupt kein Himmelskörper existiere.

Mit seiner Themenstellung knüpfte Hegel weiterhin an einige naturphilosophische Gedanken und Theorien Schellings an. Schelling erörterte zwar anhand gelegentlicher Exkurse das Planetensystem, aber er verlagerte sich schwerpunktmäßig auf die Betrachtung anderer physikalischer Phänomene, beispielsweise den Magnetismus. Dabei gibt Schellings Theorie des Magnetismus für Hegel gleichermaßen die Voraussetzung für die naturphilosophische Diskussion der zwischen Planeten und Sonne wirkenden Kräfte ab (S. 5). Schellings Werk *Von der Weltseele. Eine Hypothese der höheren Physik zur Erklärung des allgemeinen Organismus* (1798) wird Hegel besonders zu seinem organischen Naturbild angeregt haben.

Schellings naturphilosophische Gedanken wurden durch Hegel allezeit gewürdigt: „Es ist weiter zu bemerken, daß Schelling in neueren Zeiten der Urheber der Naturphilosophie geworden ist; sie ist nicht neue Wissenschaft, wir hatten sie immer, bei Aristoteles usw. Die engländische Philosophie ist auch nur Fassen des Natürlichen in Gedanken; Kräfte, Gesetze der Natur sind Grundbestimmungen. Der Gegensatz von Physik und Naturphilosophie ist nicht Gegensatz von Nichtdenken und Denken der Natur. Die Gedanken in der Physik sind nur formelle Verstandesgedanken; der nähere Inhalt, Stoff kann nicht durch den Gedanken selbst bestimmt werden, sondern muß aus der Erfahrung genommen werden. [...] Schellings Verdienst ist [...] daß er die Kategorien des Denkens der Natur änderte; Formen des Begriffs, der Vernunft brachte er an die Natur, so im Magnetismus die Form des Schlusses. Er hat nicht nur diese Formen aufgezeigt, sondern die Natur auch zu konstruieren, aus dem Prinzip zu entwickeln gesucht“ (TWA 20: 425f.). Den hier angedeuteten Gegensatz zwischen der mechanisch-mathematischen Physik, also den „formellen Verstandesgedanken", und der Naturphilosophie, welche die „Vernunft an die Natur bringt", hat sich Hegel ganz zu eigen gemacht. Die „engländische Philosophie" (Newton) fasse zwar auch die Natur im Gedanken, es gehe also gar nicht um den „Gegensatz von Denken und Nichtdenken", sondern um den eingeschränkten Anspruch des Verstandes gegenüber dem allumfassenden Anspruch der Vernunft. Hegels Hinweis auf die Konstruktion der Kategorien der Natur und darauf, dass Schelling „die Vernunft an die Natur" gebracht habe, bezieht sich zudem auf die Parallelisierung und gleichzeitige Verknüpfung von Geist und Welt durch den frühen Schelling; Schelling führt zur begrifflichen Einrahmung dieses Vorhabens etwa das Stichwort vom „Ideal-Realismus" in sein Denken ein (SW I,3: 387). Eine wichtige philosophische Entdeckung Schellings in Jena war bekanntlich die gegenseitige Komplementierung von Transzendentalphilosophie und Naturphilosophie, indem die eine in ihrem jeweiligen Ergebnis das Prinzip der anderen entwickele. Diese Verbindung zwischen Natur- und Transzendentalphilosophie kann allerdings nur unter der Voraussetzung eines allgemeinen Organismus, d. h. einer Weltseele, statthaben, nicht jedoch auf der Grundlage einer Priorisierung von „toter Materie", die letztlich nur mechanisch wirke (AA I,6: 68–70) und einzig verstandesmäßig zu denken sei.[6]

[6] Einen wichtigen Impuls für die erneute Beschäftigung mit der Theorie der Weltseele hat Salomon Maimons Aufsatz *Über die Weltseele* gegeben, in dem er für die Existenz einer solchen und gegen die prästabilierte Harmonie argumentiert. Vgl. Miklós Vessányi: *Anima Mundi: The Rise of the World Soul Theory in German Philosophy* (International Archives of the History of Ideas 202). Dordrecht 2011, 343–353. Für die weitere Wirkung von Maimon, etwa auf Blumenbach, vgl. Johannes Zachhuber: „World Soul and celestial heat. Platonic and Aristotelian Ideas in the history of natural philosophy". In: *World Soul – Anima mundi. The origins and fortunes of a fundamental idea* (Topics in Ancient Philosophy 8). Hg. v. Ch. Halmig. Berlin/Boston 2020, 335–353 und zu Schellings Maimon-Rezeption Paul Franks Aufsatz: „From World-Soul to Universal Organism Maimon's Hypothesis and Schelling's Physicali-

Das Problem der Anzahl und der Abstände zwischen den Planeten unseres Sonnensystems wurde bereits in der Philosophie der Aufklärung gelegentlich diskutiert. Eines der meistgelesenen Philosophielehrbücher des 18. Jahrhunderts führt anhand einer Abbildung in den Problemkomplex ein: Gottscheds *Erste Gründe der Gesammten Weltweisheit* (*Theoretischer Teil.* 5. Aufl. Leipzig 1748, 290) enthalten eine entsprechende schematische Darstellung, anhand derer die Hintergründe der späteren Streitigkeiten um Hegels Planetenschrift veranschaulicht werden[7]:

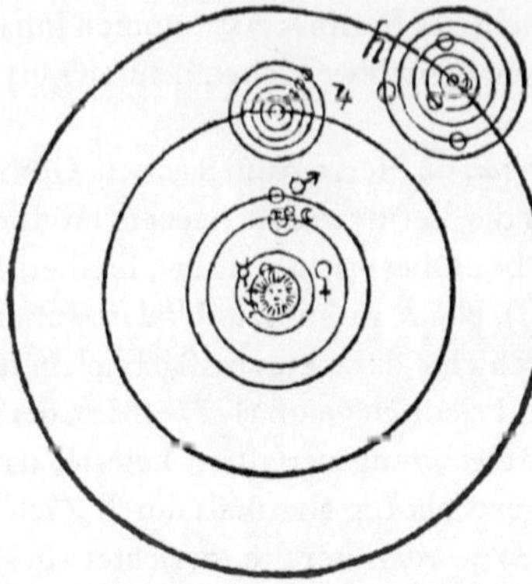

Von innen nach außen betrachtet, umlaufen die damals bekannten Planeten Merkur, Venus, Erde, Mars, Jupiter und Saturn die Sonne. Uranus fehlt noch in Gottscheds Abbildung, da dieser Planet erst 1781 entdeckt wurde. Daneben sind die Umlaufbahnen der Trabanten oder Monde um die Planeten eingezeichnet. Der übergroße Abstand zwischen Mars und Jupiter bietet Anlass zu der spekulativen Frage, ob sich hier ein weiterer, unentdeck-

zation of a Platonic-Kabbalistic Concept". In: *Schelling's Philosophy. Freedom, nature and systematicity.* Hg. v. G. A. Bruno. Oxford 2020, 71–92.

[7] Vgl. Max Wundt: *Die Schulphilosophie im Zeitalter der Aufklärung.* Tübingen 1945, 216ff. Hegel hatte in Bern Zugang zu diesem Buch. Vgl. Hans Strahm: „Aus Hegels Berner Zeit. Nach bisher unbekannten Dokumenten". In: *Archiv für Geschichte der Philosophie* 41 (1933), 529.

ter Planet befinden könne. Die sogenannte Titius-Bode-Reihe, die sich aus den Verhältnissen der Abstände der Planeten zur Sonne ableitet, postuliert aufgrund rechnerischer Überlegungen – Hegel nennt sie eine arithmetische Reihe – einen solchen, noch unentdeckten „Hauptplaneten" unseres Sonnensystems (Cunningham 2016a, 11). Dem Postulat folgte die tatsächliche Sichtung eines Himmelskörpers am vorgeblich berechneten Ort. Jenas berühmte *Allgemeine Literatur-Zeitung* berichtet im Frühjahr 1801 von dieser Entdeckung (GW 5: 632f.). Einige Monate vor Hegels Habilitation bringt sie die Nachricht, dass Piazzi nach Ansicht des Berliner Astronomen Johann Elert Bode (1747–1826) diesen gesuchten Planeten auf der ermittelten Bahn gesichtet habe.

Unweit von Jena, im Herzogtum Sachsen-Gotha, wurde etwa zehn Jahre zuvor die Sternwarte am Seeberg eröffnet. Der dort tätige astronomische „Oberwachtmeister", Freiherr Franz Xaver v. Zach (1754–1831), plante ihren Bau. Und er war an der weiteren Entdeckungsgeschichte der Ceres maßgeblich beteiligt (Brosche 1998, 9–19). Carl Friedrich Gauß (1777–1855), der wiederum das entscheidende Berechnungsverfahren lieferte, damit die Ceres nach Piazzis erster Sichtung abermals durch Zach im Dezember 1801 aufgefunden werden konnte, berichtet rückblickend über den ganzen Hergang: „Ungefähr in derselben Zeit verbreitete sich ein Gerücht in aller Munde über einen neuen Planeten, der am ersten Januar dieses Jahres [1801] mit dem Teleskop in Palermo entdeckt worden war. Bald darauf wurden genau diese Beobachtungen des äußerst bedeutenden Astronomen Piazzi, die von jenem Datum an bis zum elften Februar unternommen worden waren, veröffentlicht. Nirgendwo in den Jahrbüchern der Astronomie treffen wir auf einen derart günstigen Zeitpunkt, und einen günstigeren könnte man sich kaum ausdenken, um den Wert dieses Problems [die Bahnbestimmung] am eindrucksvollsten zu zeigen, als in diesem entscheidenden Augenblick und der dringenden Notwendigkeit, da alle Hoffnung, dieses planetarische Atom unter zahlreichen, kleinen Sternen nach Ablauf von fast einem Jahr am Himmel wiederzufinden, weil sie einzig von einer ziemlich ungefähren Kenntnis der Umlaufbahn abhing, die nur durch jene sehr wenigen Beobachtungen untermauert werden musste. Hätte ich jemals eine günstigere Gelegenheit finden können, um zu erproben, ob meine Vorstellungen auch für die praktische Anwendung gelten, als jetzt, gleich als wenn ich sie zur Bestimmung der Bahn des Planeten Ceres benutzte, der während dieser 41 Tage einen geozentrischen Bogen von nur drei Grad beschrieben hatte und nach Ablauf eines Jahres in einer Himmelsregion gesucht werden musste, die von dort sehr weit entfernt aufgespürt werden musste, in der er zuletzt gesehen wurde? Diese erste Anwendung der Methode fand im Oktober 1801 statt, und die erste klare Nacht, in der der Planet nach den daraus abgeleiteten Zahlen gesucht wurde, stellte den Ausreißer wieder unter Beobachtung. Drei weitere neue Planeten, die in Folge seit jener Zeit entdeckt worden waren, boten neue Gelegenheiten, die Wirksamkeit und allgemeine Gültigkeit der Methode zu untersuchen und zu bestätigen".[8]

Gauß' Bericht enthält einige beachtenswerte Hinweise zu den tatsächlichen historischen Kontexten von Hegels *Dissertatio*. Hervorzuheben ist zunächst der Umstand, dass Hegels Schweigen über die Ceres kein Indiz dafür sein kann, dass er von der Entdeckung nichts gewusst habe. So erklärten einige Hegelforscher schlichtweg, dass „das Faktum von Piazzi's Entdeckung ganz einfach in Jena wenigstens noch nicht bekannt gewesen" sei (Rosenkranz 1870, 75). Und noch Lasson behauptet, dass Hegel „davon noch nichts wissen" konnte (1928, XLII). Wenn Gauß nun aber schreibt, die Entdeckung sei zunächst als „Gerücht" in „aller Munde" gewesen, so ist mit großer Wahrscheinlichkeit vom gegenteiligen Befund auszugehen. Allein, dass Gotha als *das* astronomische Forschungszentrum der Goethezeit anzusehen ist und Zach die einschlägige Forschungspublizistik zeitlich vor und nach Hegels Dissertation als Herausgeber und Verfasser

[8] Meiner Übersetzung liegt zugrunde: *Theoria motus corporum coelestium in sectionibus conicis solem ambientium*. Hamburg 1809 (Gauß, *Werke* VII. Göttingen 1907, 7 f.).

anführte, spricht vielmehr *für* eine Kenntnisnahme Hegels. Der Austausch zwischen Jena, Weimar oder Gotha erfolgte, wie ein alter Wanderführer aufschlussreich berichtet, auf „ausgetrampelten Pfaden".[9]

Zunächst einige weiterführende astronomiegeschichtliche Hintergründe[10]: Die Titius-Bode-Reihe, eine von Johann Daniel Titius (1729–1796) entdeckte scheinbare Regelmäßigkeit bezüglich der Planetenabstände, die von Bode als vorgebliches Naturgesetz populär gemacht und von Johann Friedrich Wurm (1760–1833) in eine mathematische Formel gefasst wurde, bildet sozusagen den Widerpart zur ‚Timaios-Hegel-Reihe' am Ende der *Dissertatio* (S. 73 f.). Der *locus classicus* von Titius lautet: „Gebet einmal auf die Weite der Planeten voneinander Achtung; und nehmet wahr, daß sie fast alle in der Proportion voneinander entfernt sind, wie ihre körperlichen Größen zunehmen. Gebet der Distanz von der Sonne bis zum Saturn 100 Theile, so ist Mercurius 4 solcher Theile von der Sonne entfernt, Venus 4 + 3 = 7, die Erde 4 + 6 = 10, Mars 4 + 12 = 16. Aber sehet, vom Mars bis zum Jupiter kömmt eine Abweichung von dieser so genauen Progression vor. Vom Mars folgt ein Raum von 4 + 24 = 28 solcher Theile, darinn weder ein Haupt- noch ein Nebenplanet zur Zeit gesehen wird. Und der Bauherr sollte diesen Raum ledig gelassen haben? Nimmermehr! Lasset uns zuversichtlich setzen, daß dieser Raum sonder Zweifel den bisher unentdeckten Trabanten des Mars zugehöre; laßt uns hinzuthun, daß vielleicht auch Jupiter noch etliche um sich habe, die bis itzt noch mit keinem Glase gesehen werden. Von diesem, uns unbekannten Raume erhebt sich Jupiters Wirkungskreis in

[9] Vgl. die diversen Fußmarschrouten und Wanderpläne mit genauen Zeitangaben bei Schwerdt, H. u. A. Ziegler: *Neuestes Reisehandbuch für Thüringen*. Hildburghausen 1864.

[10] Die astronomiegeschichtlichen Hintergründe um die damaligen Entdeckungen der Kleinplaneten sind nunmehr in einer Vielzahl von Beiträgen und Monographien, insbesondere der beiden Forscher Clifford J. Cunningham (2016a, 2016b, 2017a, 2017b) und Peter Brosche (1998, 2009, 2014), quellenmäßig aufgearbeitet.

4 + 48 = 52 und Saturnus seiner, in 4 + 96 = 100 solcher Theile. Welches bewunderungswürdige Verhältniß!"[11]

Nachdem Wilhelm Herschel 1781 den Uranus durch einen glücklichen *Zufall* entdeckt hatte und dessen Abstand zum Jupiter die Titius-Bode-Reihe scheinbar bestätigte, wurde dies als ein hochmotivierendes Erfolgserlebnis innerhalb astronomischer Fachkreise verbucht und gab Veranlassung, das nächtliche Firmament nach weiteren dort zu erwartenden Himmelskörpern systematisch und organisiert zu durchmustern. Die Gründung und Installation der berühmten „Himmels-Polizey" durch Zach und Johann Hieronymus Schroeter (1745–1816) im Jahr 1800 und zwei Jahre zuvor der erste, gleichfalls von Zach federführend veranstaltete Astronomenkongress bildeten Höhepunkte jener organisierten Suche nach dem achten, noch vermissten „Hauptplaneten" in der Mars-Jupiter-Lücke.[12]

[11] Es handelt sich bei diesem Text um eine Fußnote zu Titius' Übersetzung aus dem Französischen: *Betrachtungen über die Natur von Herrn Karl Bonnet*. Bd. 1. Leipzig 1774, 9. Die Textgenese von Titius' Ausführungen ist anhand von Faksimiles bei Michael Martin Nieto dokumentiert: *The Titius-Bode-Law of Planetary Distances*. Oxford 1972, Tafeln III–VIII, zwischen Seite 8 und 9 eingebunden.

[12] Bedenkt man, dass Gotha ein Hauptschauplatz dieser astronomischen Anstrengungen war und die Forschungen vor allem in der von Zach herausgegebenen *Monatlichen Correspondenz* publiziert wurden, erscheint es noch unwahrscheinlicher, dass man in Jena davon nichts wissen konnte. Niethammer, an Hegels Habilitation beteiligt, war einige Zeit Hauslehrer in Gotha: „Niethammer war auch, seit er sich in Jena aufhält, eine Zeit lang in Gotha Hofmeister, [...]" (Hölderlin, StA 6,1: 161). Zum astronomischen Wirken Zachs in Gotha vgl. zudem Ulrich B. Hermann: „Das Astronomentreffen im Jahr 1798 auf dem Seeberg bei Gotha". In: *Archive for the History of Exact Science* 6 (1970), 326 ff.; „Die Entstehung der astronomischen Fachzeitschriften in Deutschland". In: *Schriften der Archenhold-Sternwarte* 5 (1972), 21–37 und zum Thema: „Hegels Dissertation und die Siebenzahl der Planeten, Sterne und Weltraum. Kontroversen und Legenden um einen vermeintlichen Irrtum". In: *Sterne und Weltraum* 31 (1992), 688–691.

Die Sichtungsserie Guiseppe Piazzis, die sich von der Neujahrsnacht 1801 bis zum 11. Februar erstreckte[13], gab dem ganzen Unterfangen Zachs abermals einen geradezu euphorischen Auftrieb. Die von Gauß entwickelte Berechnungsmethode gestattete Zach das erneute Auffinden und die eigene Beobachtung der Ceres am 7. Dezember 1801.[14] Diese Ereignisse wurden in Jena freilich gespannt verfolgt und führten letztlich sogar zur Einrichtung der dortigen Sternwarte.[15] „Daher darf man [...] getrost davon ausgehen, daß Hegel noch während einer Bearbeitung seiner Schrift im September und Oktober 1801, aber auch schon längere Zeit vor August 1801, von dieser allenthalben als Sensation besprochenen Entdeckung wissen mußte" (Meist, GW 5: 633).

Doch trotz der Sichtung blieb eine Frage zunächst offen. Was ist die Ceres: „Hauptplanet", „planetarisches Atom", „Wandelsternchen" oder „Komet"? Zach und Bode hielten sie für den achten „Hauptplaneten" des Sonnensystems. Gauß sprach, nach

[13] Die genauen Daten wurden in Zachs *Monatlicher Correspondenz* in Tabellenform veröffentlicht. Vgl. die entsprechende faksimilierte Abbildung bei J. Kovácz: „The discovery of the first minor planets". In: *Acta historia astronomiae* 14 (2005), 77. Piazzi hatte seine Ergebnisse selbst in einer Broschüre von nur 25 Seiten umgehend publiziert: *Risultati delle osservazioni della nuova stella scoperta il di' 1. Gennaio all'Osservatorio Reale di Palermo.* Palermo 1801. Auf sie wird Bode in der lancierten Meldung in der *Literatur-Zeitung* Bezug nehmen (GW 5: 633), allerdings unter Fortlassung von Piazzis ursprünglicher Deutung der Sichtung als eines neuen Sterns (*stella nuova*).

[14] Vgl. Walter K. Bühler: *Gauss. Eine biographische Studie.* Berlin 1981, 47–56.

[15] Vgl. Reinhard Schielcke u. Kathrin Blumenstein: „Herzog Karl August, Goethe und die Einrichtung der Herzoglichen Sternwarte in Jena". In: *Goethe-Jahrbuch* 109 (1993), 173–180. Zu Goethes Verhältnis zur Astronomie insgesamt und Zach im Besonderen vgl. Brosche 2004; Aeka Ishihara: *Makarie und das Weltall. Astronomie in Goehtes Wanderjahren.* Weimar 1998 und „Goethe und die Astronomie seiner Zeit. Eine astronomisch-literarische Landschaft um Goethe". In: *Goethe-Jahrbuch* 117 (2000), 103–177.

dem Pallas, Juno und Vesta entdeckt waren, von einem „planetarischen Atom", Jean Paul Friedrich Richter vom „Wandelsternchen". Der Kantianer Mellin schreibt von einem Kometen, Piazzi zunächst von einem „neuen Stern". Von einem Planetiden oder Asteroiden war gleichermaßen die Rede. Hegel enthält sich jedweder Klassifizierung. Er gibt lediglich zu bedenken, dass man aufgrund der Anwendung einer „mathematischen Logik" (Zach) gar nicht nach einem Hauptplaneten zu suchen brauche (S. 73 f.).

Wie der Titel *Dissertatio philosophica de orbitis planetarum* zum Ausdruck bringt, geht es in Hegels Habilitationsschrift um die *philosophische* Diskussion der Planetenbahnen, nicht um die geometrisch-arithmetische oder empirische Erörterung derselben. Deshalb ist sein eigener Berechnungsversuch vielleicht sogar nur unter Vorbehalt als seriöses Gegenbeispiel zu werten und am Ende gar nicht ernst gemeint. Andernfalls fiele er selbst jener Kritik anheim, die er der „englischen Philosophie" angelastet hat. Vielleicht handelt es sich also um einen abschließenden Witz, nach dem Vorbild der platonischen Ironie und Aporie?[16] Ist doch Jena um 1800 das Zentrum einer erneuerten Platon-Rezeption (Ast, Schleiermacher, Schlegel, Schelling).

Hegel erkennt die Möglichkeit, dass mechanische Kräfteverhältnisse zwischen den Planeten und der Sonne anhand von geometrischen Punkten und Linien wirklichkeitsnah und allumfassend begriffen werden können, nicht an. Newtons Aufspaltung in Zentrifugal- und Zentripetalkraft sieht er etwa als unzulässige Begriffsverdoppelung eines in Wahrheit einheitlichen Kräftephänomens (S. 47). Im Rahmen seines *Nürnberger Gymnasialunterrichts* wiederholt Hegel einige Hauptkritikpunkte. Im Kurs über „Philosophische Enzyklopädie" diktiert er im Schuljahr

[16] An dieser Stelle sei auf Hegels Ausführungen zum Megariker Eubulides verwiesen, die den Zusammenhang von Widerspruch und Witz sehr deutlich hervortreten lassen (TWA 18: 526–534). Cinzia Ferrinis luzide Arbeit zeigt deutlich das ironische Moment in Hegels Dissertation: „Features of irony and alleged errors in Hegel's *‚de orbits planetarum'*". In: *Hegel-Jahrbuch* (1991), 459–477.

1812/13 über die Keplerschen Gesetze und ihr Verhältnis zu Newtons Himmelsmechanik folgende Ausführung, überliefert durch das Schulheft Abeggs[17]: „Absolute Bewegung kommt den Körpern zu, die ein eigenes Centrum sind. [...], die Gestirne sind absolut freie Körper. Die Sonne ist durch die Absonderung der anderen Gestirne aber nur in Beziehung auf sie und in der Vereinigung mit ihnen, Sonne Centrum. Keppler erfand die Gesetze der Bewegung der Gestirne: sie ist: 1) ellyptisch 2) betrifft die Geschwindigkeit der Bewegung. Diese ist nicht stets gleich. Sie ist beschleunigt und retardirt. Die Schnelligkeit nimmt zu, wenn sich die Körper der Sonne mehr nähern – (*perihélion*, *aphhelion* Sonnennähe, und Sonnenferne [...]. Die Zeiten sind nicht proportional den Bogen, sondern den [Entfernungen zum] Centrum (der Sonne) sie durchschneiden gleiche Sektoren in gleichen Zeiten (*Radii vectores*). (Kopernikus meinte erst einen Kreis – nachmahls verbesserte es Keppler der es als eine Elypse darstellte.) Theoretische Astronomie betrachtet nur was geschiehet und vorgeht am Himmel und leitet aus der scheinbaren Bewegung das Gesetz der wirklichen ab. Mit ihr hat die absolute Mechanick nichts zu thun. Das 3)^{te} Gesetz ist das Verhältniß der Umlaufszeiten zu den Entfernungen der himmlischen Körper, oder vom Cubus zum Quadrat. Die Quadrate der Umlaufszeiten verhalten sich wie die Cuben der Entfernungen des Himmelskörpers. Die ferneren Körper, die ihre Bahn vollenden wollen, müßen sich langsamer bewegen als die Nähern. Im Körper **A** sei die Umlaufzeit $\mathbf{a}^2$ die des **B** auch $\mathbf{b}^2$ so ist ihre Entfernung das Verhältniß der Cuben. Neuton [Newton] drückt dasselbe aus. Die Schwere wirkt umgekehrt wie die Quadrate der Entfernun-

[17] Vgl. auch „Philosophische Enzyklopädie" nach Meinel 1812/13 (GW 10,2: 649f.) sowie die *Anmerkungen* dazu (ebd., 290–293). Hegels fortwährende Gegenstellung zum Newtonianismus, teilweise in Verbindung mit der vehementen Verteidigung von Goethes Farbenlehre vorgetragen, hat insbesondere M.J. Petry herausgearbeitet (s. Schriftenverzeichnis). Rosenkranz (1868, 15) schreibt einprägsam, dass sich Hegel schon in der *Dissertatio* gegen Newton gekehrt habe, weil dieser Mathematisches und Physisches „zusammengewirre".

gen. Die Umlaufzeiten stehen im umgekehrten Verhältniße des Quadrates der Entfernung. Neuton's Ruhm über diese Erfindung verdunkelte den Keppler's, der das Wahre erfunden hatte. Er (Neuton) wollte das alles bewiesen haben aus der rationellen Mathematik, dieses ist jedoch nicht möglich" (GW 10,2: 755 f.).

In inhaltlicher Übereinstimmung mit der *Dissertatio* heißt es, Kepler sei der eigentliche Entdecker der Gesetzmäßigkeiten der Planetenbahnbewegung um die Sonne (S. 23). Die Planeten seien absolut freie Köper, weil sie das Zentrum ihrer Schwere in sich trügen (S. 17). Newton habe Keplers naturphilosophische Ansätze verdeckt und einer fehlgeleiteten Interpretation zugeführt, indem er weitere Gesetze der Himmelsmechanik aus der mathematischen Formulierung der Keplerschen Gesetze ableiten wollte (S. 23). Eine Konstruktion von Naturgesetzen, die aus der „rationellen Mathematik" abgeleitet werde, sei jedoch nicht möglich. Hegel bemerkt über das Verhältnis von Mathematik und Naturphilosophie: Die Astronomie in ihrer gegenwärtigen Gestalt sei von der Mathematik, nicht von der Natur abhängig (S. 49). Doch sei die Mathematik als Wissenschaft der Größenverhältnisse schließlich gleichfalls aus der Natur genommen und stelle „Verhältnisse der Vernunft dar". Sie abstrahiere in ihren Grundlagen vom Ganzen der Erscheinungen, gehe zunächst als Geometrie auf den Raum ohne die Zeit oder als Arithmetik auf die Zeit ohne den Raum aus. Die Naturphilosophie müsse sich aber mit dem organischen Gebilde des Naturganzen befassen und könne keinesfalls nachmalig, durch die Übertragung und künstliche Zusammensetzung vormalig selbst abstrahierter, mathematischer Gebilde, die dynamische Wirklichkeit der Natur gedanklich nachbilden.[18] Hierzu müssten die philosophischen Grundlagen der Mathematik zunächst selbst aufgeklärt werden: „Deshalb darf man die Gesichtspunkte, die den der Mathematik eigentümlichen formalen Erkenntnisweisen zugehören, nicht

[18] Diesen Gesichtspunkt skizziert Schelling bereits in *Vom Ich als Princip* (1795): „[…] also sind die *mathematischen* Kategorien durch die *dynamischen*, nicht umgekehrt, bestimmt" (AA I,2: 153).

mit Verhältnissen der physischen Welt verwechseln und dem, was nur innerhalb der Mathematik Realität hat, keine physische Realität zuschreiben" (S. 21). Im Sinne dieser Abstraktion spricht Hegel von der „Zerspalten der Bewegungsrichtung in mathematische Linien" (S. 27). Die „wahre Physik" müsse aus dem Ganzen ihre Teile ableiten, nicht umgekehrt die Teile zu einem „toten" Ganzen zusammensetzten. Die mathematische Methode als Verfahrensweise in die Physik hineingetragen „stellt das Ganze" hingegen „aus Teilen zusammen". Mit der Anwendung einer „mathematischen Logik" (S. LI) verstrickt sich die Physik also aus Hegels philosophischer Sicht in Widersprüche. Die Reflexion abstrahiere „in der Mathematik von den Dingen selbst und will wohl ihre Zahlen und Maße, nicht aber die inkommensurablen Dinge selbst, wofür sie Raum und Zeit ansieht, vergleichen" (S. 63). Damit deutet Hegel ein Grundsatzproblem der Mathematik an: Raum und Zeit scheinen in ihr sachlich nicht vergleichbar, aber zahlenmäßig beschreibbar, womit er auf die Einführung der irrationalen Zahlen anspielt. Trotz dieses eigenen Prinzipienproblems, das die Mathematik allererst mit Hilfe der „wahren Philosophie" (S. 51) auflösen müsste, fahre man in unreflektierter Manier fort, innerhalb der Mechanik einen allumfassenden Realitätsgehalt auf der Grundlage mathematischer Folgerungen zu konstruieren: „Obwohl aber die Geometrie und das rechnerische Verfahren die Dinge selbst beiseitesetzt und nur Linien und Zahlen behandelt", so gibt man ihren Ergebnissen „einen Sinn, der die Dinge selbst" betrifft und „die Dinge selbst berechnet" (S. 63).

Der kurze Schlussteil (S. 70–75) von Hegels Dissertation kann vor diesem Hintergrund tatsächlich aporetisch interpretiert werden. Hegel führt die Vorstellung *ad absurdum*, dass auf mathematische Weise die Existenz, das Wesen oder der Begriff eines Naturphänomens a priori bestimmbar seien. Er führt einen äquivalenten Gegenbeweis an, indem er eine alternative mathematische Reihe angibt, anhand derer sich wiederum die *Nichtexistenz* eines Hauptplaneten zwischen Mars und Jupiter erweisen lasse. Diese alternative Reihe könne sich überdies auf die Autoritäten Platons und des Timaeus Locrus berufen sowie auf die in beiden Texten behandelte (pseudo-)pythagoreische Überlieferung.[19] Die Weise von Hegels methodischer Ausführung scheint darüber hinaus Schellings Ansichten über philosophische Konstruktion zu entsprechen.[20]

Kurz vor seiner Dissertation hatte Hegel *Die Differenz des Fichte'schen und Schelling'schen Systems der Philosophie* – kurz: *Differenzschrift* – abgefasst. Darin antizipiert er das Vorgehen in seiner

[19] Die sogenannte Sphärenharmonie ist ein tragendes Element in Keplers Überlegungen und klingt noch bei Goethe an, wenn es etwa im *Faust I* heißt: „Die Sonne tönt nach alter Weise / In Brudersphären Wettgesang, / und ihre vorgeschriebne Reise / vollendet sie mit Donnergang" (*Goethe's Werke.* Hg. v. L. Geiger. Neue Ausg. Bd. 3. Bearb. v. M. Ehrlich. Berlin 1889, 14). Zur pythagoreisch inspirierten Sphärenharmonie vgl. das Buch von Hegels Berliner Kollegen Heinrich Ritter: *Geschichte der pythagorischen Philosophie.* Berlin 1826, 140 ff. Bei Kepler, insbesondere zu Jupiter und Mars vgl. *Weltharmonik.* Übers. v. Max Caspar. München 1939, 322 f. Als Kuriosum ist zu erwähnen, dass zwei Nürnberger Forscher, die in Hegels Umkreis wirkten, im Jahr 1814 an einer sphärenharmonischen Erklärung der Abstände unter Einbeziehung der ‚Neuplaneten' Ceres, Pallas, Juno und Vesta forschten, wie es Hegel a. a. O. (TWA 18: 263) fordert. Ihre Spekulationen sind jedoch allenthalben mit Überlegungen zum Magnetismus etc. durchsetzt. Vgl. *Ueber die Umdrehung der magnetischen Erdpole und ein davon abgeleitetes Gesetz des Trabanten- und Planetenumlaufes von J. S. C. Schweigger in Briefen an W. Pfaff nebst einem Schreiben des letzteren über Keplers Weltharmonie (Aus dem Journal für Chemie und Physik Bd. 10 Heft 1. besonders abgedruckt).* Nürnberg bei Johann Leonhard Schrag. 1814. Dazu Poggendorff, Bd. II, 875 und zu Pfaff und Hegel vgl. B I: 402 ff. Selbst in dieser Schrift ist keineswegs von Planeten die Rede: „wo die von Herschel sogenannten Asteroiden, Ceres, Pallas, Juno und Vesta sich bewegen" (8).

[20] In eine ähnliche Kerbe schlägt Schelling (1802, 125), wenn er bemerkt: „Die Empirie, so oft sie etwas allgemein aussprechen will, kann von der fortgehenden Erfahrung immer nur Widerlegung erwarten, so wie die Theorie, welche mittelbar oder unmittelbar, mehr oder weniger bewußt von den Ideen oder der Construction abgeleitet ist, von der Erfahrung immer nur bestätigt werden kann". Schellings Aufsatz *Ueber die Construction in der Philosophie* (GW 4: 277–293) führt die Fragestellung noch näher aus.

Planetenschrift: „Beyde Sätze sind Sätze des Widerspruchs nur im verkehrten Sinne; der erste der Identität sagt aus, daß der Widerspruch = 0 ist; der Zweyte, insofern er auf den ersten bezogen wird, daß der Widerspruch eben so nothwendig ist, als der Nichtwiderspruch; beyde sind als Sätze, für sich Gesetzte von gleicher Potenz. Insofern der zweyte so ausgesprochen wird, daß der erste zugleich auf ihn bezogen ist, so ist er der höchst mögliche Ausdruk der Vernunft durch den Verstand; diese Beziehung beyder ist der Ausdruk der Antinomie; [...]" (GW 4: 25f.). Übertragen auf die Fragestellung der Dissertation, Hegels Reihe und die Titius-Bode-Reihe nebeneinandersetzend, wären dies zwei mathematische „Gesetze von gleicher Potenz". Und der „höchste mögliche Ausdruk der Vernunft durch den Verstand" müsse ohnehin letztlich auf eine Antinomie hinauslaufen. Beide Schlussfolgerungen pro und contra Hauptplanetenthese stehen damals tatsächlich antinomisch nebeneinander. Georg Samuel Albert Mellin verwendete sogar noch 1802 eine Ceres-Antinomie als schullogisches Exempel. Der mit Hegel befreundete Verleger Frommann druckte sie ein Jahr nach der Habilitation ab[21]:

Der Stern Ceres ist entweder	Der Stern Ceres ist entweder
ein Planet,	ein Planet,
oder ein Komet,	oder ein Komet,
Nun ist er kein Komet;	Nun ist er kein Planet;
Also ist er ein Planet.	Also ist er ein Komet.

In ähnlicher Weise können zwei Hypothesen auch Hegels Ansicht nach auf dem alleinigen Wege der mathematisch-physikalischen Verstandeswissenschaft in ein logisches Dilemma führen: „Die mathematischen Antinomien betrachten die Anwendung der Vernunft als bloßer Negativität auf ein fixirtes der Refle-

21 *Encyclopädisches Wörterbuch der kritischen Philosophie oder Versuch einer fasslichen und vollständigen Erklärung der in Kants kritischen und dogmatischen Schriften enthaltenen Begriffe und Sätze.* Bd. 5. Jena/Leipzig 1802, 512 und 513 gegenüberstehend.

xion" (*Glauben und Wissen*, GW 4: 337). Gerade die geometrische Behandlung der Kräfte durch Newton enthält einen Widerspruch, der nicht ohne die Dialektik der Vernunft aufzulösen wäre. Denn „es wird unerklärlich, warum jene Kräfte, die doch den Charakter kontradiktorischer Gegensätze tragen, nicht in gerader Linie, sondern unter einem Winkel einander entgegengesetzt werden, der die gerade Linie der Entgegensetzung in zwei Linien spaltet" (S. 31). Die Himmelsmechanik errichtet mit Hilfe der Mathematik also ein Reich der Widersprüche, aus dem sie sich mit ihren eigenen Mitteln und unter Absehung einer wahren Philosophie, die den Widerspruch als Regel der Wahrheit denkt (S. 5 f.), nicht befreien kann.

Neben aller Newtonkritik klingt in Hegels Planetenschrift gelegentlich eine hagiographische Kepler-Verehrung an. Die Neuerungen aus England ablehnend und an der schwäbischen Tradition festhaltend priorisiert Hegel stets Kepler als den echt philosophischen Geist.[22] Diese Präferenz teilt er mit Schelling und Hölderlin. Das Andenken an Kepler wird im Kreise Hegels, Hölderlins und Schellings besonders gepflegt, beispielsweise durch eine spätere Editionsinitiative Schellings.[23] Schon Hegels einleitendes Zitat aus Ciceros *Gesprächen in Tuskulum* und der Rekurs auf Sokrates kann mit Blick auf Kepler gedeutet werden (S. 17). Dahinter versteckt sich womöglich eine Reminiszenz an Kepler und die platonische Tradition, denn in Verbindung mit Hegels Rede von „unser[em] geniale[n] Landsmann Kepler mit begnadetem Sinne" (S. 19) kann sie auf die volkstümlich ge-

[22] Vgl. Cunningham 2016a, 5 ff. und zu Schelling, Kepler, Newton und Oetingers Newton-Rezeption vgl. Manfred Frank: *Eine Einführung in Schellings Philosophie.* Frankfurt a. M. 1985, 9 f.

[23] Gustav Leopold Plitt erwähnt explizit, dass Schelling und Kepler in Leonberg geboren seien (Plitt I: 1 f.): „Keppler selbst nennt sich in seinen Schriften *Leonbergensem*, ein Grund, auf welchen Schelling hinzuweisen pflegte, wenn er sich Kepplers als seines Landsmannes rühmte". Vgl. auch Julius Klaiber: *Hölderlin, Hegel und Schelling in ihren schwäbischen Jugendjahren.* Stuttgart 1877, 149 ff.

wordende Überlieferung bezogen werden[24], die Kepler nach dem Vorbild des Sokrates ein δαιμόνιον (TWA 18: 507) oder einen Genius zuschreibt: „Ob Keppler gleich in seinem Prodromus bewiesen zu haben glaubte, daß die damals bekannte Zahl der Planeten eine nothwendige sey, so war er doch später der erste unter den Astronomen, welcher die Vermuthung äußerte, daß in dem großen Raume zwischen Jupiter und Mars Planeten sich befinden dürften. Er pflegte zu sagen, es begleite ihn ein Genius, welcher ihm die Wahrheiten von Ferne zulisple".[25]

Bereits die Entdeckungen weiterer Himmelskörper – Pallas 1802, Juno 1804 und Vesta 1807 – ließen Zweifel an einer uneingeschränkt naturgesetzlichen Gültigkeit der Titius-Bode-Reihe aufkommen. Dies stellte Schelling noch anlässlich der Entdeckung der Pallas fest (1802, 124f.). Ihre Entdeckung brachte die Hauptplanetenthese zudem ins Wanken. Nach der unmittelbaren Abfassung von Hegels *Dissertatio* war faktisch noch ungeklärt, ob die Ceres nun ein Planet oder vielleicht doch ein Komet sei.

Sogar der alte Kant hat sich zur Zeit von Hegels Habilitation einschlägige Notizen gemacht: „Ob die Ceres ein Planet sey, der zwischen Mars und Jupiter hauset [...]" (*Akad.-Ausg.* XXI: 145). Hegel aber sollte in Jena nichts davon wissen? Hervorzuheben ist, dass auch Kant eine Frage formuliert: *ob* die Ceres ein Planet sei? Rosenkranz' Einschätzung, dass Hegel von der Entdeckung der Ceres nichts gewusst habe, erscheint daher tatsächlich verfehlt.[26]

24 Weitere Interpretationen bei Ferrini 1995, 63–65. Christian Wolff, *Mathematisches Lexicon* (Leipzig 1734, Sp. 964) schreibt, Kepler habe die Ellipsenbahn der Planeten „glücklich herausgebracht".

25 J. L. C. v. Breitschwert: *Johann Keppler's Leben und Wirken nach neuerlich aufgefundenen Manuscripten.* Stuttgart 1831, 39.

26 Rosenkranz' auf lange Zeit nachwirkende Rekonstruktion des Habilitationsprozesses wurde von Meist einer gründlichen Revision unterzogen (GW 5: 624–651). Theodor G. Bucher: „Wissenschaftstheoretische Überlegungen zu Hegels Planetenschrift". In: *Hegel-Studien* 18 (1983), 117, vertritt gleichfalls die These, dass Hegel von der Ceres wusste. Cinzia Ferrini (Mitteilung v. Sept. 2021) meint: „Another possibility is that Hegel did not regard Ceres as a planet suitable to fill the gap

Hegel hätte doch mindestens im *Intelligenzblatt* der in Jena verbreiteten *Allgemeinen Literatur-Zeitung* gelesen, dass „ein Gelehrter in Palermo, namens Piazzi" vielleicht einen „neu bemerkten Planeten zwischen dem Mars und Jupiter" gesichtet habe (GW 5: 632). Dass der schon zuvor mutmaßlich naturphilosophisch und astronomisch interessierte Hegel (HBZ: 3 u. 79) diese Meldung womöglich übersehen oder absichtlich ignoriert habe, ist keinesfalls glaubhaft. Sprach doch Gauß von einem „Gerücht in aller Munde". Fachkundige Kollegen in Jena[27], denen er die inhaltlichen Pläne für seine Habilitationsschrift vorgestellt haben wird, hätten Hegel wohl auf die sensationelle Entdeckung aufmerksam gemacht, so zum Beispiel der Physiker Ritter oder der Astronom und Mathematiker Johann Heinrich Voigt (1751–1823).[28] Voigt war der Dekan der philosophischen Fakultät, bei dem Hegel sein Nostrifikations- und Habilitationsgesuch inklusive Thema

between Mars and Jupiter and thus to confirm Bode's law but a comet, as Herschel took it to be until 1802". Diese Einschätzung würde Hegels Schweigen zur konkreten Sichtung erklärlich machen.

27 Ein detailreiches Bild der naturwissenschaftlichen Forschung und Lehre in Jena um 1800 zeichnet Olaf Breidbach: „The Culture of Science and Experiment in Jena around 1800". In: R. M. Brain et al. (eds.), *Hans Christian Ørsted and the Romantic Legacy in Science* (Boston Studies in Philosophy of Science 231). Dordrecht 2007, 177–216.

28 Zwar hielt Zach Johann Heinrich Voigt für einen „Schwachmatikus" (Brosche 2009, 315), aber dennoch rezipierte Voigt die Forschungen des Hofastronomen. Voigt veröffentlichte zum Beispiel ein *Lehrbuch der populären Sternenkunde* (Jena 1799) und *Kosmographische Entwickelung der vornehmsten Begriffe und Kenntnisse, welche bey der zweckmäßigen Benutzung der künstlichen Himmels- und Erdkugel erforderlich sind.* (Weimar 1810). Auf einigen Seiten dokumentiert und kommentiert er darin die Entdeckungsgeschichte der Ceres (§ 126, 192–194). Vgl. zum Leben und Werk vgl. Otto Knopf: *Die Astronomie an der Universität Jena von der Gründung der Universität im Jahre 1558 bis zur Entpflichtung des Verfassers im Jahre 1927* (Zeitschrift d. Vereins f. Thüringische Geschichte u. Altertumskunde, Neue Folge, Bd. 19, Beiheft. Beiträge zur Geschichte der Univ. Jena. Heft 7). Jena 1937, 109–112 und im *Neuen Nekrolog der Deutschen*, hg. v. F. A. Schmid, Erster Jahrgang 1823, 2. Heft. Ilmenau 1823, 632–639.

angemeldet hatte. In dieser Funktion war er am 27. August bei der Verteidigung der Thesen zugegen (S. 13).[29]

Unter den angeführten Gesichtspunkten ist sogar vorstellbar, dass Hegel sich zu seiner Planetenschrift aufgrund der Mitteilungen über die Ceres veranlasst sah. Denn die von Zach proklamierte Erfolgsgeschichte der „mathematischen Logik" (S. LI) könnte ihn zur Kritik gereizt haben. Wie Schelling etwa rückblickend auf die Methode der Astronomen schreibt, „möchte es wohl Gutmüthige geben, die ihnen [den Astronomen] hierin Glauben beymässen" (1802, 124). Trifft diese Version der Geschichte zu, so wäre die Planetenschrift eine Art ‚Differenzschrift'.

Eine wichtige, mit den vorangehenden Ausführungen zusammenhängende Frage betrifft die Entstehungszeit von Hegels Dissertation. Denn bisher wurde angenommen, dass Hegel auf frühere Arbeiten, vornehmlich aus der Frankfurter Zeit, zurückgegriffen habe. Dies steht freilich der Idee, dass er seine Arbeit unter dem Eindruck der Entdeckung der Ceres im Januar 1801 geschrieben habe, teilweise entgegen. Frühere Forschungen verorten die inhaltlichen Grundbausteine für Hegels Planetenschrift ganz in dessen Frankfurter Jahren, und zwar gleichfalls aufgrund einiger vager Angaben, die einzig auf Rosenkranz' Mitteilung basieren (GW 2: 622). Bislang hat man darüber hinaus die Meinung vertreten, Hegel habe astrono-

[29] Dass der Diskurs auch nach der Wiederentdeckung der Ceres keineswegs beendet scheint und die Entdeckung der weiteren Kleinplaneten im Anschluss für die romantische, neuplatonisch-hermetische und durch Schelling inspirierte Naturphilosophie als abermalige Widerlegung der Titius-Bode-Reihe aufgefasst wurde, zeigt beispielsweise eine Briefstelle Carl v. Hardenbergs, Bruder von Novalis, an August Wilhelm Schlegel (Meiningen, 16. Mai 1807): „[...] werden am Firmament eine Anzahl kleiner Planetiten entdeckt, die die HE Astronoemen selbst in nicht geringe Verlegenheit setzen; und die Astrologie wird sich zeitig genug an der schlechten Gemeinheit rächen" (Josef Körner: *Krisenjahre der Frühromantik. Briefe aus dem Schlegelkreis.* Bern/München ^{2}1969, Bd. 2, Nr. 179, 408).

misch-naturwissenschaftliche Studien mit nach Jena gebracht und unter Zeitdruck zu Dissertationszwecken in lateinischer Sprache zusammengefasst.[30] Wie Meist in seiner Entstehungsgeschichte nachzuzeichnen versucht, hat Hegel das Manuskript der *Dissertatio* während der Drucklegung wohl seitenweise an den Setzer geliefert (GW 5: 623). Druck und Ausarbeitung, wenigstens die letzte Redaktion, überschneiden sich demnach zeitlich. Dies wird besonders am abweichenden Druckbild der letzten Seiten, die platzsparender gesetzt sind, deutlich (entspr. S. 64 ff.).

Eingehende naturphilosophische Studien, die für Hegels Newton-Kritik relevant erscheinen, hat er dennoch vermutlich auch schon in Bern (1793–1796) mit einiger Ausführlichkeit betrieben. Insofern könnten einige der von Rosenkranz in der Frankfurter Zeit (1797–1800) verorteten Manuskripte genauso während der Schweizer Hauslehrerzeit entstanden sein. Sie sind aber verschollen oder gar vernichtet. Für einschlägige Berner Newtonstudien würden jedenfalls die Recherchen von Cinzia Ferrini sprechen, die zudem bisher unberücksichtigte Vorlagen für die Kritik an Newton namhaft gemacht haben.[31] Ihre For-

[30] So bei Terry Pinkard: *Hegel. A Biography.* Cambridge 2000, 106 f. und Vieweg 2019, 217. Arseni Gulyga: *Hegel.* Leipzig 1974, 61 nimmt an, dass Hegel „wahrscheinlich schon vor seiner Ankunft ein umfangreiches Manuskript" mitgebracht habe. Die These, Hegel habe seine *Dissertatio* fast fertig aus Frankfurt mitgebracht, ist von der vorsichtigeren Formulierung Jaeschkes (2016, 99), dass die Arbeit „fraglos aus den Frankfurter Exzerpten zur Naturphilosophie erwachsen" sei, zu differenzieren. Für eine Beschäftigung mit Naturphilosophie in Frankfurt könnte sprechen, dass dies jedenfalls auch ein Thema im Frankfurter Kreis um Hegel war, wie Isaac v. Sinclairs späteres Buch *Versuch einer durch Metaphysik begründeten Physik* (Frankfurt 1813) nahelegen kann. Auch Hölderlin scheint damals Schellings *Ideen zu einer Philosophie der Natur* (1797) studiert zu haben (*Bücherliste.* StA 7,3: 390). Meist plausibilisiert grundsätzlich, dass Vorstufen oder besser inhaltliche Vorstudien noch in Frankfurt entstanden seien (GW 5: 634 f.).

[31] Cinzia Ferrini: „On Newton's demonstration of Kepler's second law in Hegel's *de orbitis planetarum* (1801)". In: *Philosophia naturalis* 31 (1994), 150–170, und „Die Bibliothek in Tschugg. Hegels Vorbereitung

schungen und die hier präsentierten Ergebnisse schließen sich zu folgendem Bild zusammen: Hegel wurde in Tübingen, etwa durch Vorlesungen Pfleiderers mit Keplers und Newtons Himmelsmechanik grundständig vertraut gemacht[32]; in Bern, im Hause Steiger, hat Hegel wohl die Newton-Kritik des Jesuiten Louis-Bertrand Castel in dessen *Traité de physique sur la pesanteur universelle des corps* (1724) – eventuell zunächst über ein Referat aus der Mathematikgeschichte Montaculs – sowie weitere einschlägige Schriften Clairauts und Nollets kennengelernt; in Frankfurt hat Hegel Schellings naturphilosophische Arbeiten gelesen und weiterhin Studien zur Naturphilosophie betrieben. Auf Grundlage der bereits in der Schweiz erarbeiteten Newton-Kritik konnte Hegel in Jena in die aktuelle inhaltliche Diskussion um die Ceres sogleich eingreifen und sein Wissen über Newton und dessen Kritiker einfließen lassen. Die Annahme, Hegel habe mit der Themenwahl für seine Dissertation explizit auf die Entdeckung der Ceres reagiert, erscheint also vertretbar.

Hegels wissenschaftliche Reputation wurde aufgrund der wohl auf Rosenkranz' Lebensbeschreibung zurückgehenden, bis in die Gegenwart weithin kolportierten Version der Entstehungsgeschichte allerdings nachhaltig beschädigt. Noch in einer jüngst erschienenen Biographie Hegels ist zu lesen: „Von alldem ahnt die Kommission [von Hegels Habilitationsprüfung] aber noch nichts, die Entdeckung des Planetoiden Ceres hatte sich offenbar noch nicht bis Jena herumgesprochen".[33]

Doch um die Entdeckung als solche geht es Hegel auch gar nicht. Es ist ihm vielmehr an einer Grundsatzkritik an Newtons

für seine frühe Naturphilosophie". In: *Hegel in der Schweiz (1793–1796)* (Hegeliana. Studien und Quellen zu Hegel und zum Hegelianismus. Bd. 8). Hg. v. H. Schneider u. N. Waszek. Frankfurt a. M. 1997, 237–249.

[32] Vgl. die Referenz bei Schelling AA I,1: 72 und Christoph Friedrich v. Pfleiderer: *Physik. Naturlehre nach Klügel. Nachschrift einer Tübinger Vorlesung von 1804*. Hg. v. Paul Ziche (Spekulation u. Erfahrung I,6). Stuttgart/Bad Cannstatt 1994.

[33] Jürgen Kaube: *Hegels Welt*. Frankfurt a. M. 2020, 149.

Himmelsmechanik gelegen. Newton verbinde die mathematische Berechenbarkeit mit der Erklärung von Naturphänomenen so geschickt, dass immer neue Forschungsfortschritte und technische Anwendungen ihre Geltung zu fundieren scheinen. Daher stieße die Verbindung von Mathematik und Physik auf allgemeine Bewunderung (S. 27). Nach Hegels Meinung befindet sich diese Verbindung jedoch nicht auf einer Ebene mit wahrer philosophischer Erkenntnis. In der Planetenschrift findet sich mehrfach die Unterscheidung zwischen der *philosophia vera* und der *philosophia experimentalis.*[34] Die falsche Experimentalphilosophie kranke an inneren Widersprüchen, indem sie nicht das Ganze erfasse, sondern bis ins Unendliche anhand einer *Entweder-Oder*-Logik die Erscheinungen atomisiere und zergliedere.[35]

[34] Kurz zuvor, in der *Differenzschrift*, unterscheidet Hegel bereits zwischen dem *Mechanischen* und der *wahren Philosophie* (GW 4: 10): „Wenn es um eine solche Erfindung zu thun, und die Wissenschaft ein todtes Werk fremder Geschicklichkeit wäre, so käme ihr freylich diejenige Perfektibilität zu, deren mechanische Künste fähig sind, und jeder Zeit wären allemal die bisherigen philosophischen Systeme für weiter nichts zu achten, als für Vorübungen großer Köpfe. Wenn aber das Absolute, wie seine Erscheinung die Vernunft, ewig ein und dasselbe ist, wie es denn ist; so hat jede Vernunft, die sich auf sich selbst gerichtet und sich erkannt hat, eine wahre Philosophie producirt, und sich die Aufgabe gelöst, welche, wie ihre Auflösung, zu allen Zeiten dieselbe ist. Weil in der Philosophie die Vernunft, die sich selbst erkennt, es nur mit sich zu thun hat, so liegt auch in ihr selbst ihr ganzes Werk wie ihre Thätigkeit, und in Rücksicht aufs innre Wesen der Philosophie gibt es weder Vorgänger noch Nachgänger". Und noch in der *Encyklopädie* (1817) verweist Hegel darauf, dass die Engländer alles, was nützlich erscheint und technisch funktioniert, fälschlich mit dem Begriff der Philosophie identifizierten: „Wie denn in dem Sinne Newton und die Engländer die Experimentalphysik Philosophie, daher auch Electrisirmaschinen, magnetischen Apparat, Luftpumpen usf., philosophische Instrumente nennen" (GW 17: 17).

[35] „[...] also das *Entweder, Oder*, was ein Princip aller formalen Logik und des der Vernunft entsagenden Verstandes ist, in der absoluten Mitte schlechthin vertilgt, [...]" (*Glauben und Wissen*, GW 4: 399).

2. *Hegels Themenwahl und der Jenaer Philosophiebetrieb*

Seit jeher haben Philosophen hinsichtlich naturphilosophischer und logisch-methodologischer Fragestellungen unser Sonnensystem und das Weltall gedanklich zu erfassen versucht. Für das 18. Jahrhundert ist auch hier Kant ein Pionier. Seine *Allgemeine Naturgeschichte und Theorie des Himmels* (1755) bleibt bis heute ein richtungsweisendes Werk. Doch wurde die Schrift überhaupt erst vierzig Jahre nach ihrem erstmaligen Erscheinen von einer breiteren Leserschaft wahrgenommen.[36] Kant erörtert darin beispielsweise die Möglichkeit weiterer Planeten oder ob es eine Zwischenform von Planeten und Kometen geben könne, einen „letzten Planeten" und „ersten Kometen" (Werke I: 260). Schelling kommentiert Kants kosmologisches Meisterstück folgendermaßen: „Seine *Theorie und Geschichte des Himmels* ist sattsam [...] wegen ihrer Vorherverkündigung eines Planeten über dem äußersten damals bekannten [...] gepriesen worden" (AA I,14: 214). Das Buch wurde ab 1797 bis 1799 insgesamt fünfmal aufgelegt. Zunächst Fichte und dann Schelling greifen Gedanken Kants auf, insbesondere jenen eines universalen Zentralkörpers.

Fichte konstatiert in seiner *Vorlesung über Logik und Metaphysik*, was sich a posteriori aus der Erfahrung erweise – er meint das Kopernikanische System –, müsse sich gleichfalls a priori aus Vernunftgründen deduzieren lassen. Hegel führt, obzwar implizit gegen den Newtonianer Kant gedacht (S. 5), diese Traditionslinie fort. Kant stellt dabei das Gefüge des Sonnensystems mechanisch und nach „Newtonischen Grundsätzen" vor, wie der Wortlaut des Untertitels seiner *Naturgeschichte* verrät. Hegel spricht gleich im ersten Absatz seiner *Dissertatio* bezüglich des Sonnensystems jedoch nicht mehr von einem Mechanis-

[36] „Diese Schrift blieb unter den Zeitgenossen so gut wie unbekannt", weil das Warenlager des Verlegers gerichtlich versiegelt wurde und das Buch nicht mehr im Handel erhältlich war (*Akad.-Ausg.* I: 445). Schelling hebt jene Zweitschrift Kants besonders in seinem *Nachruf* (1804) auf den Königsberger hervor (AA I,14: 214). Hegel kannte wohl Tieftrunks Ausgabe. Vgl. *Berliner Schriften*: 535.

mus, sondern von einem Lebewesen oder Geschöpf, *animali illo* (S. 16).[37]

Knapp ein Jahr vor der Veröffentlichung der Planetenschrift, am 2. November 1800, richtete Hegel einen Brief an seinen vormaligen Tübinger Studienfreund, den nunmehrigen Jenaer Philosophieprofessor Schelling: „Deinem öffentlichen großen Gange habe ich mit Bewunderung und Freude zugesehen [...] In meiner wissenschaftlichen Bildung [...] mußte ich zur Wissenschaft vorgetrieben werden, und das Ideal des Jünglingsalters mußte ich zur Reflexionsform, in ein System zugleich verwandeln" (B I: 59f.). Diese Zeilen zeugen von Hegels Bestreben, an Schelling Werdegang anzuknüpfen. Er erinnert, dass eine gemeinsame Richtung seit dem Jünglingsalter vorgezeichnet gewesen wäre. Von dem ursprünglichen Plan dieses erneut angestrebten *Symphilosophierens* könnte vielleicht vor allem das als *Ältestes Systemprogramm des Deutschen Idealismus* bekannte Schriftstück Zeugnis ablegen, eigentlich „*Eine Ethik* [...]".[38] Hegel plante aber dennoch, jene ursprünglich gemeinsamen Gedanken in ein „eigenes System verwandeln" zu wollen, und hatte

[37] Vgl. den ausführlichen Kommentar zu dieser Stelle bei Ferrini 1995, 57–61.

[38] Eine bisher nicht beachtete Differenzierung zwischen der experimentalen Physik und der philosophischen Physik findet sich früher schon im *Ältesten Systemprogramm.* Wenn Hegel und Schelling in Jena an gemeinsame, frühere Pläne anknüpfen, sind die Themenstellungen der Jenaer Zeit vorgezeichnet: „Ich möchte unsrer langsamen an Experimenten mühsam schreitenden – Physik einmal wieder Flügel geben. So – wen die Philosophie die Ideen, die Erfahrung die Data angibt, können wir endlich die Physik im Großen bekommen, die ich von spätern Zeitaltern erwarte. Es scheint nicht daß die jezige Physik einen schöpferischen Geist, wie der unsrige ist, oder seyn soll befriedigen könne" (GW 2: 615). Eine Kritik an der Newtonschen Naturphilosophie klingt in diesem Text an. Dass die Planetenschrift sich an das Jugendprojekt des *Ältesten Systemprogramms* anschließt, versucht auch Olivier Dupré zu zeigen: „Ontological Foundations of Hegel's Dissertation of 1801". In: *Hegel and the Philosophy of Nature.* Ed. by S. Houlgate. New York 1998, 257–281.

Ansätze bereits in Bern und Frankfurt ausgearbeitet.[39] Aufgrund der Äußerung, er habe Schellings „öffentlichen großen Gang" „mit Bewunderung und Freude zugesehen", ist zu unterstellen, dass er mit Schellings naturphilosophischen Schriften bis zum genannten Zeitpunkt einigermaßen vertraut war, insbesondere mit der Schrift *Über die Weltseele* (1798), mit dem *Ersten Entwurf eines Systems der Naturphilosophie* (1799) und einigen Stücken aus der *Zeitschrift für Spekulative Physik*. Rosenkranz (1844, 521) bestätigt dies anhand von ihm vorliegenden Buchrechnungen aus der Frankfurter Zeit, da Hegel „vorzüglich Schellings Schriften und Griechische Klassiker in den besten, neuesten Ausgaben kaufte. Besonders muß er den Platon [...] viel studirt haben". Walter Jaeschke geht gleichfalls mit Blick auf die Dissertation von Hegels Akquise der naturphilosophischen Schriften Schellings aus.[40]

Mit alledem scheint die Themenwahl der Planetenbahnen für Hegels Habilitation inhaltlich von seinem Bestreben, sich an Schelling einerseits anzuschließen und andererseits sein eigenes Profil weiterhin zu schärfen, mitbestimmt worden zu sein.[41] – Hierher gehört es, zu erwähnen, dass Schelling – Breidbach deutet es jedenfalls so – an der Universität Jena überhaupt zum ersten Mal explizit naturphilosophische Vorlesungen gehalten habe (Wintersemester 1798).[42]

Um den Anschluss an Schelling kenntlich zu machen und zu sehen, wo Hegel möglicherweise in seiner Dissertation Schellings astronomische Ansätze zu ergänzen und weiterzuführen

39 Vgl. Frank-Peter Hansen: *„Das älteste Systemprogramm des Deutschen Idealismus". Rezeptionsgeschichte und Interpretation* (Quellen und Studien zur Philosophie 23). Berlin/New York 1989, 162f.

40 Vgl. Walter Jaeschke: *Hegels Philosophie*. Hamburg 2020, 29f.

41 Neuser stellt weitere themenbezogene Überschneidungen mit Schelling dar, weshalb hier auf seine Ausführungen verwiesen sei. So habe sich Hegel zunächst an Schellings Darstellung der Kräfte gehalten (1986, 35–42).

42 Vgl. Olaf Breidbach: „Jenaer Naturphilosophien um 1800". In: *Sudhoffs Archiv* 83 (2000), 19–49.

suchte, lohnt ein Blick in Schellings *Ersten Entwurf eines Systems der Naturphilosophie* aus dem Jahre 1799, etwa in das „zweite Hauptstück“, „drittes, mögliches System“ (AA I,7: 144–158). Thematisch geht es in dieser Schrift gleichfalls um die Zentrifugal- und Zentripetalkraft, um Gravitation und die Entstehung der Himmelskörper unseres Sonnensystems, den Einfluss der Sonne *etc.*[43] Zu beachten ist Schellings eigene Erklärung des großen Abstands zwischen Jupiter und Mars auf Grundlage einer Planetenentstehungshypothese: „Wenn man also annimmt, daß die vom Centralpunkt entferntesten Körper durch die erste Kraft der Sonne explodirt wurden, so sind offenbar die drei entferntesten Planeten unseres Sonnensystems von gemeinschaftlicher, Mars aber, dessen Abstand vom Jupiter so unverhältnismäßig groß ist, von der zweiten, minderkräftigen Explosion. – Aber jener Abstand zwischen Jupiter und Mars ist nicht bloß durch den Zwischenraum beider, sondern durch eine noch weit auffallendere Verschiedenheit gemacht. Die Excentricität der Bewegungen nämlich muß offenbar abnehmen im umgekehrten Verhältniß der größeren Entfernung die durch Explosion einem Körper eingedrükte Centrifugalbewegung immer matter werden muß. Die einzigen Ausnahmen machen Mars und Mercur. Die Bewegung des Mars ist weit excentrischer als die des Jupiter. Aber nach der Voraussetzung sind beide auch von verschiedener Explosion. Auf den Mars hat offenbar nicht dieselbe Kraft, die auf Jupiter, sondern diejenige Kraft gewirkt, die der Erde und der Venus ihre Centrifugal-Bewegung eingedrükt hat, daher seine Centrifugal-Bewegung auch schon matter seyn muß als die der weit näheren Erde und Venus, sowie unter den drei entferntesten Planeten der erste (von der Sonne aus gezählt) die geringste Excentricität hat, ist ohne Zweifel die letzte Kraft der Sonne, […] – Aber noch eine andere Analogie streitet dafür, daß je drey Planeten unseres Sonnensystems von gemeinschaftlicher

[43] Vgl. die frühere Monographie von Otto Closs: *Kepler und Newton und das Problem der Gravitation in der Kantischen, Schellingschen und Hegelschen Naturphilosophie*. Heidelberg 1908.

Explosion seyen, denn wenn man die drey äußersten mit den übrigen der Sonne näheren vergleicht, so sind sie ihnen an Masse offenbar überlegen vergleicht man sie aber untereinander, so ist Jupiter z. B. dem Saturn überlegen, wovon man keinen Grund einsehen kann, als daß alle drey durch eine und dieselbe Kraft explodirt worden, wo dann natürlich der größere Theil der Masse der Centripetalkraft eher unterliegen mußte, als der kleinere. [...] Aber dieselbe auffallende Analogie zeigt sich wiederum bei den drei näheren Planeten, denn unter diesen hat die der Sonne nähere Venus mehr Masse als die Erde, die Erde mehr als Mars, warum anders als weil Eine und dieselbe Kraft sie aus der Sonne geworfen hat? Und Merkur endlich (die letzte Explosion) hat die geringste Masse, wären näher als der Sonne noch zwei Planeten sichtbar, so würde der erste unter diesen wieder die größte haben" (AA I,7: 154–156). Schelling vermutet hier zwei unentdeckte Planeten in Sonnennähe. Hingegen sieht er keinen weiteren Anlass, zwischen Mars und Jupiter einen „Hauptplaneten" zu konstatieren.[44] Später wird er allerdings behaupten, er habe die Ceres und die Pallas bereits philosophisch konstruiert, bevor sie entdeckt wurden (Schelling 1802, 123 ff.).[45]

Hervorhebenswert scheint weiterhin, dass sich Schelling in seiner Hypothese über die Bildung der Planeten nur teilweise auf Kant beruft und eine ganz eigene Mutmaßung vorlegt. Die Herausgeber der Schelling-Ausgabe können daher keine Vorgänger

[44] Wolfgang Bonsiepen fasst Schellings Explosionstheorie zusammen. *Die Begründung der Naturphilosophie bei Fichte, Schelling, Fries und Hegel. Mathematische versus spekulative Naturphilosophie.* Frankfurt a. M. 1997, 283: „Immer drei Planeten unseres Sonnensystems sind aus einer gemeinschaftlichen Explosion hervorgegangen. Schelling glaubt auf diese Weise die Planetenabstände deduzieren zu können. Der große Abstand zwischen Jupiter und Mars erklärt sich daraus, daß diese Planeten aus verschiedenen Explosionen entstanden".

[45] Schelling hat sich auch später noch gelegentlich mit der Frage der Distanz, der Schwere und der Umlaufzeit der Planeten befasst. Vgl. *Briefe und Dokumente.* Bd. 3. Hg. v. H. Fuhrmanns. Bonn 1975, 476 und AA II,5: 269–273.

für Schellings Deduktionskette der Planetenentstehung angeben (Anm. AA I,7: 413). Offenbar hat Schelling diese Theorie nicht weiterverfolgt. In der *Darstellung meines Systems* aus dem Jahre 1801 erklärt Schelling zur Entstehung des Planetensystems: „Die Ursache der Excentricität der Bahnen, die Verhältnisse der Dichtigkeiten zu den Massen und Excentircitäten, [...] alle diese Gegenstände finden ihre gemeinschaftliche Aufklärung in dem Gedanken, die Bildung des Planetensystems als einen allgemeinen Cohäsionsprocess vorzustellen" (AA I,10: 68). Damit scheint die Explosionstheorie von einer Kohäsionstheorie abgelöst. An sie knüpft Hegel im zweiten Teil seiner Dissertation an (S. 55ff.). – Schellings Freund Windischmann hat später die erstgenannte Theorie der Mehrfachexplosionen einer eingehenderen Kritik unterzogen, Hegel etwa zeitgleich eine Kohäsionstheorie vertreten (S. 55-71).[46]

Schellings affirmative Bezugnahme auf Hegels Planetenschrift aus dem Jahre 1802 spricht überdies dafür, dass es Hegel nie um die simple Leugnung der Existenz der Ceres ging, sondern darum, das spekulative Element in der Naturbetrachtung zu etablieren, und zwar unter Zurückweisung der Hauptplanetenthese. Andernfalls hätte Schelling ferner wohl zu Hegels naturphilosophischem Missgriff geschwiegen. Und Schelling erkennt in späteren Schriften – wie natürlich auch Hegel – sehr wohl die Entdeckung weiterer Himmelskörper an, so die Entdeckung der Juno 1804 (AA II,5: 270).

Während der Zeit der ersten persönlichen Bekanntschaft Schellings mit Fichte hat sich auch dieser mit dem „Sonnensystem" und dessen Entstehung kursorisch auseinandergesetzt. Fichte diskutierte die Planetenumlaufbahnen anhand des Handbuchs, das er seinen Vorlesungen zugrunde legte[47], hat sich aber

[46] Vgl. AA II,5: 258f. und Plitt II: 38f.

[47] Vgl. Ernst Platner: *Philosophische Aphorismen nebst einigen Anleitungen zur philosophischen Geschichte. Ganz neue Ausarbeitung. Erster und anderer Theil*. Leipzig 1793. In § 905 (524) heißt es etwa schon, dass „Herr Bode einen Planeten zwischen dem ♂ und ♃" vermute.

nie explizit und eigens mit Astronomie oder Naturphilosophie befasst.[48] Seine kommentierenden Ausführungen zu Platner zeigen dennoch, dass das Thema „Sonnensystem und Planetenbahnen“ Teil des philosophischen Curriculums in Jena war. Für Fichte ist das erfahrungsmäßig erkennbare Kopernikanische Weltbild zugleich einer zwingend apriorischen Deduktion fähig und muss sich daher aus der Vernunft, also aus dem Ich als deren höchstem Prinzip, ableiten lassen.[49] Fichte geht dabei im bekannten Dreitakt der Wissenschaftslehre von Thesis, Antithesis und Synthesis vor: „3. Alles, was wir setzen ist dadurch Substanz, das ist durch sich selbst bestimmt; es ist seiner inneren Natur nach, was es ist. Dieses sich selbst zur Substanz machen muß auch den Himmelskörpern zukommen. Es ist etwas Objekt, das ist, es besteht ohne mein Zutun; die Kraft ist seine eigene innere Kraft, es ist durch sich selbst. So auch die Himmelskörper“. Bis zu diesem Punkt stimmt er wohl mit Hegel überein. Fichte fährt fort: „Diese Kraft ist eine in sich zurückgehende Centripetalkraft. 4. Die Vernunft kann nichts setzen, ohne es durch Gegensatz mit einem andern von derselben Art zu bestimmen. So ist es auch mit den Himmelskörpern. Sobald man etwas annimmt, muß man ihm etwas entgegensetzen von der Art, nur nicht dasselbe Individuum, sondern ein anderes derselben Art. Von diesem zweiten gilt das, was von dem ersten galt, Substantialität, es hat Centripetalkraft. 5. Keine Centripetalkraft ohne Zentrifugalkraft, denn alle Körper erfüllen einen Raum und zwar durch ihre eigne Kraft. […] Diese Zentripetal- und fugalkraft ist ganz einerlei, nur von zwei verschiedenen Seiten angesehen. […] Was aber hält den das ganze System dieser Kugeln? Wir haben nur den Grundsatz der Wechselwirkung angewendet, wir müssen auch den der Substanzialität anwenden. Es müßte sonach einen

48 So schreibt Fichte an Erich v. Berger, dass er die Anwendung der Philosophie auf die Natur lieber anderen überlasse. Vgl. *Briefw.*, Bd. II, 549.

49 Aufschlussreich zu Fichtes Verhältnisbestimmung von Geist und Weltall ist zudem ein Passus aus der *Appellation an das Publikum* (Werke III: 236ff.).

anderen Köper geben, der sie alle hielte und möglich machte, daß sie unter sich im Gleichgewicht sein könnten. Beispiele sind die Planeten und die Sonne. Die Sonne würde sich zum ganzen System so verhalten, wie zwei einzelne Kugeln aus dem System sich zueinander verhielten. [...] 12. Insbesondere wird jede Sonne ihr System anziehen in allen Punkten, wird es sonach durch ihre eigene Achsenbewegung mit sich herumschleudern; daher die Kreisbewegung der Planeten. So hätten wir das ganze Kopernikanische System a priori. Dieses ist wirklich die Ansicht unserer Welt a posteriori" (*Nachg. Schr.* Bd. II, 259–262). Ein naturphilosophisches Problem, das Fichte hier implizit aufwirft, ist die a priori angenommene Existenz eines bisher unentdeckten Zentralkörpers: „Die Sonne bewegt sich um den Zentralkörper, die Planeten um die Sonne" (ebd. 263).

Schelling spricht gleichfalls von einem Zentralkörper, dessen reale Existenz er zunächst ablehnt, aber in den nachmaligen Anmerkungen seines Handexemplars des *Ersten Entwurfs* (1799) als denkbare Möglichkeit erwägt (AA I,7: 320). Der Substanzcharakter dieses Zentralkörpers ist für Fichte zugleich a priori bestimmt und indiziert durch seine in Wechselwirkung tretende Kraft mit den anderen Sonnensystemen. Was Fichte bei aller Tendenz zur systembedingten All-Einheit nicht erklärt[50], ist jedoch, wie sich gewisse Unregelmäßigkeiten, so etwa der Abstand zwischen Jupiter und Mars, deuten ließen. Mit der Aussage, „Zentripetal- und fugalkraft" seien „ganz einerlei", antizipiert er allerdings schon eine Stellungnahme Hegels zu Newtons Mechanik (S. 35). Das Fehlen eines Zentralkörpers, den Kant, Fichte, Schelling und Hegel jeweils, zumindest zeitweise, annehmen, kritisiert Hegel bei Newton explizit: „Wie weit von dieser Anschauung jene Konstruktion der Planetenbewegung abhängt, erhellt schon daraus, dass die in geradliniger Richtung wirkende Zentrifugalkraft ganz ohne Rücksicht auf einen Zentralkörper irgendeinem zweiten Körper zugeschrieben wird" (S. 31).

[50] Vgl. Dietrich Mahnke: *Unendliche Sphäre und Allmittelpunkt.* Tübingen 1937, 8 ff.

3. *Dokumente zur Habilitation*

Bei der *Dissertatio* handelt es sich um eine akademische Qualifikationsschrift, bei der es gewisse Formalien einzuhalten galt. Inhalt und Erscheinungsbild sind von den Statuten zum Erwerb der Lehrerlaubnis (*pro licentia docendi*) an der Universität Jena mitbestimmt. Um sich also an der Universität zu etablieren, „lag ihm für seine Zwecke zunächst die Anfertigung einer Habilitationsdissertation ob" (Rosenkranz 1844, 151).

Heinz Kimmerle (1967a) sammelte aus dem Jenaer Universitätsarchiv alle ihm erreichbaren Akten zu Hegels Habilitationsvorgang und veröffentlichte sie in den *Hegel-Studien.* Anhand seiner Nachforschungen kann der Verlauf der Habilitation rekonstruiert werden.

In einem lateinischen Schreiben vom 8. August 1801 richtet Hegel an die philosophische Fakultät das Gesuch, dass sein Tübinger Magisterabschluss nostrifiziert, d. h. dem philosophischen Doktorgrad der Universität Jena gleichgestellt werde. Hegel wollte unmittelbar mit seiner Vorlesungstätigkeit beginnen. Der Dekan der Fakultät hält am 13. August fest, dass Hegel neben der Entrichtung von Verwaltungsgebühren „eine Habilitationsdisputation, oder eine Probevorlesung noch vor dem Abdruk des Catalogi zu halten hätte; im letztem Falle aber doch noch vor Abdruk des zu Ostern herauskommenden Lectionscatalogs eine Disputation halten müsse" (Kimmerle 1967a, 29). Nachdem die Bedingungen für Hegels Nostrifikation als Zirkular an die übrigen Fakultätsmitglieder gegangen waren und alle sich dem vorgeschlagenen Prozedere des Dekans anschlossen, wurden Hegel die Bedingungen zugestellt: „Zur philosophischen Facultät Hochverordnete Herren Senior und Assessoren So eben erhalte ich beyliegendes Schreiben vom Herrn D. Hegel aus Stuttgardt, worinn er um Nostrification bittet, da er Vorlesungen über theoretische und praktische Philosophie zu halten gesonnen sey. Er scheint mir ein in mehreren Rücksichten guter und solider Mann zu seyn. Auf den Fall, daß ihm deferirt würde, wäre ihm wohl anzukündigen 1. daß er 4 Louis d'or oder deren Werth in 22r. 20g. Courant; 2. 2 Species Thaler pro censura und praesentia zu erlegen 5 3. Eine Habilitationsdisputation, oder eine Probevorlesung noch vor dem Abdruk des Catalogi zu halten hätte; im letztem Falle aber doch noch vor Abdruk des zu Ostern herauskommenden Lectionscatalogs eine Disputation halten müsse 6. Was nun meine hochzuverehrenden Herren sonst noch hiebey zu beschließen geruhen, bitte ich mir gewogentlichst zu erkennen zu geben; der ich indessen mit größter Verehrung beharre Meiner hochzuverehrenden Herren und Collegen Iena den 13ten August 1801. gehorsamster Diener LH. Voigt derzeit Decan" (ebd. 29).

Hegel war laut Meist wohl nicht auf die Abfassung einer lateinischen Dissertation eingestellt und demzufolge auch nicht vorbereitet, sodass er in Zeitnot geriet und zur Niederschrift und Drucklegung das verbleibende Zeitfenster „vollständig ausschöpfte" (GW 5: 629). Am 15. August schlägt er folgendes Alternativverfahren vor: „In Rüksicht auf die Forderung, daß eine Disputation der Ertheilung der Erlaubniß zu lesen vorhergehen soll – wovon Sie mir heute die Eröffnung machten, so können Sie selbst urtheilen, daß in den zwölf bis vierzehn Tagen innerhalb welcher die Anzeigen für den Katalog der Praelektionen eingegeben werden müssen, eine Disputation nicht geschrieben, gedrukt, ausgegeben und vertheidigt werden kan; aber ich zweifle nicht, daß, wenn ich den größten Theil oder die ganze Dissertation vor diesem Termin eingebe. Sie und die philosophische Fakultät befriedigt seyn werden; indem, so wenig ich die Nostrifikation ohne die Erlaubniß zu lesen, und die Ankündigung hievon suchen würde, ich ebensowenig, durch Verspätung des Druks und der Vertheidigung der Dissertation, welche als denn im Lauffe des nächsten Monats geschehen könnte, etwas erreichen würde, da ja die philosophische Fakultät eine Suspension der Erlaubniß in Händen hat" (Kimmerle 1967a, 31 f.).

Hegels vorrangiges Ziel, Mitglied des Lehrkörpers der philosophischen Fakultät zu werden, also noch im Wintersemester 1801/02 lesen zu können, erforderte nunmehr unabdingbar das Abfassen einer Dissertation. Die Fakultät geht auf Hegels Bedenken ein und lässt ihn, nach dem Vorbild des ein Jahr zuvor eingetretenen Präzedenzfalls von Friedrich Schlegel, seine gedruckte Dissertation nachreichen und ihn zuvor über Thesen disputieren. Diese Disputation habe jedoch zwingend im Vorhinein zu erfolgen.[51]

Erwähnenswert erscheinen in diesem Zusammenhang die beiden Interventionen des Fakultätsmitglieds Professor Ulrich. Sie lassen eine gewisse Sympathie für Hegel erkennen. Er war es auch, der den Präzedenzfall „Schlegel" ins Spiel brachte und so ein reguläres, aber Hegel zugleich entgegenkommendes Verfahren ermöglichte. Ulrich hatte einige Monate zuvor der *Differenzschrift* die amtliche Druckerlaubnis erteilt (GW 4: 524f.). Auf die Lektüre derselben beruft er sich im Zirkular der Fakultät daher explizit: „Ich habe nichts gegen die Nostrification des Herrn D. Hegels, den ich aus einer seiner Schriften, davon ich die Censur geholt habe, als einen scharfsinnigen Philosophen habe kennen lernen. Nur muß er, wenn er in den LectionsCatalog und anschlagen will, vorher disputiren" (Kimmerle 1867a, 29). In einem weiteren Zirkular schlägt Ulrich nunmehr vor, Hegels Habilitationsprozess an jenen Schlegels anzulehnen. Zwingend erforderlich waren insgesamt und zusätzlich zur abgeschlossenen Nostrifikation eine Disputation über Thesen, eine gedruckt einzureichende Dissertation sowie eine Probevorlesung. Über die Reihenfolge ließ sich offenbar verhandeln: „Eher erlaube man, Herrn D. Hegel, wie Herrn D. Schlegel, über Theses zu

[51] Friedrich Schlegel habilitierte sich im August 1800 und lehrte zunächst als Privatdozent in Jena. Anders als Schlegel konnte sich Hegel jedoch aufgrund seines Erbes ohne weiteres leisten, die Gebühren entsprechend zu entrichten. Die acht Thesen Schlegels sind abgedruckt bei Waitz 1913, Bd. 2, 584f., wovon die ersten drei sich mit Platon befassen. Die genauen Details hat Josef Körner anhand heute verschollener Quellen dokumentiert. Vgl. Friedrich Schlegel: *Neue philosophische Schriften. Erstmals in Druck gelegt, erläutert und mit einer Einleitung in Fr. Schlegels philosophischen Entwicklungsgang versehen v. J. Körner* (Mit einer Faksimilereproduktion von Schlegels Habilitationsgesuch an der Univ. Jena). Frankfurt a. M. 1935.

disputiren, als das Conclusum Facultatis zu durchlöchern. Auch die Probevorlesung muß er halten. Wegen seiner Subsistenz ist kein Zweifel" (ebd. 34).

Hegels Fürsprecher Johann August Heinrich Ulrich (1746–1813) gehörte zu den ersten von Kant beeinflussten, aber dennoch der Tradition von Leibniz und Wolff verpflichteten Philosophen in Jena.[52] Diesen Schulphilosophen zeichnet aus, dass er die Entwicklung des deutschen Idealismus *von Kant bis Hegel* gewissermaßen persönlich begleitet hat. Der junge Fichte gehörte noch zu seinen Studenten. Laut einer Anekdote habe Fichte anlässlich seiner Berufung nach Jena einen Antrittsbesuch bei Ulrich absolviert – allerdings nur, um ihm mitzuteilen, dass er von ihm nichts gelernt habe.[53] Aller Wahrscheinlichkeit nach gab es die ein oder andere Meinungsverschiedenheit zwischen Ulrich und Fichte. Hegels Kritik an Fichte könnte ihn daher günstig für Hegels Sache eingenommen haben.

Die genaue Chronologie des Habilitationsverfahrens zwischen dem 13. August und dem 19. Oktober 1801 geht aus dem abschließenden Dokument der philosophischen Fakultät, einem *Protocollum Facultatis*, detailliert hervor und setzt damit zugleich den Zeitrahmen für die Abfassung der zwölf Thesen und der lateinischen Dissertation (siehe bei Kimmerle 1967a: 42–44 und Nicolin, B IV,1: 78–80).

Dem nunmehr abgeschlossenen Verfahren folgten Hegels erste Lehrveranstaltungen an der Universität Jena im Wintersemester 1801/02. Aus Hegels Logikkolleg sind zusammenfassende Aufzeichnungen Ignaz Paul Vital Troxlers (1780–1866) erhalten. Sie überliefern, dass Hegel Themen der Planetenschrift erneut aufgegriffen hat (GW 23,1: 3–12).

52 Vgl. Max Wundt: *Die Philosophie an der Universität Jena in ihrem Verlaufe dargestellt* (Zeitschrift d. Vereins f. Thüringische Geschichte u. Altertumskunde, Neue Folge, Bd. 17, Beiheft. Beiträge zur Geschichte der Univ. Jena. Heft 4). Jena 1932, 129 ff. und HBZ: 580.

53 Vgl. Manfred Kühn: *Johann Gottlieb Fichte. Ein deutscher Philosoph.* München 2012, 70.

4. *Zur Chronologie von Hegels Schriften im Zeitraum der Dissertation*

Die Chronologie von Hegels *Jenaer Schriften* beruht im Wesentlichen auf den Studien Heinz Kimmerles (1967b). Kimmerles Arbeiten beruhen auf einer genauen Autopsie sowie auf einem graphologischen Vergleich von Hegels Handschriften und Briefen:

Vor Ende Juli 1801:
Differenz des Fichte'schen und Schelling'schen Systems der Philosophie. Originaldruck Jena: Seidler 1801. 184 S.
Vor 23. August 1801:
Dissertationi philosophicae De orbitis Planetarum praemissae Theses [...] Originaldruck Jena: Prager 1801. 5 S.
26. Aug. 1801 oder früher:
Rezension der Anfangsgründe der spekulativen Philosophie v. F. Bouterwek. Originaldruck: *Litteratur-Zeitung.* Erlangen. Jg. 1801: 1441–1451.
Vor 27. August 1801:
ad Respondentem. In publico [...] (Notizen zur Vorbereitung der Habilitationsdisputation).
Vor 18. Oktober 1801:
Vorarbeiten zur Habilitationsdissertation: Calcul und deutsche Fassung. Erwähnt von Rosenkranz (Brief an Karl Hegel, Mai 1840).
Nach dem 27. August und vor dem 18. Oktober 1801:
Dissertatio philosophica de orbitis planetarum [...] Originaldruck Jena: Prager 1801. 32 S.

Basierend auf den mitgeteilten Dokumenten zum Habilitationsverfahren Hegels sowie der Kritik, die Meist in seinem editorischen Bericht gegenüber den Überlegungen von Rosenkranz geltend macht, ist Kimmerles Chronologie grundsätzlich zu folgen. Aufgrund des zu konstatierenden Verlustes der diversen Vorarbeiten lässt sich über deren Inhalt und ihre jeweilige

Entstehungsgeschichte ohnehin nur mutmaßen. Die vorliegende lateinische Version der Dissertation hat Hegel ausschließlich in Jena ausgearbeitet, und zwar relativ kurz vor seinem Geburtstag im August bis zum 18. Oktober 1801. Vorbereitungen könnte er vielleicht mit Schelling gemeinsam getroffen haben, wenn man die Zeilen, die Schelling am 3. Juni 1801 an August Wilhelm Schlegel schreibt, in diesem Sinne auslegen möchte: „Ich bin in der letzten Zeit sehr beschäftigt gewesen mit dem Studium fremder, besonders alter Werke [...]“ (Plitt I: 343f.). Denn der Hinweis auf „besonders alte Werke“ könnte sich möglicherweise auf Lektüren Platons, Keplers oder des Timaeus Locrus beziehen.[54]

5. *Hegel und die „Himmels-Polizey“ – noch eine* Differenzschrift*?*

Die Mehrzahl von Hegels Texten aus der Zeit bis 1802 trägt ein eindeutig politisches Gepräge. Kann man daher nicht auch seine Planetenschrift unter Zuhilfenahme politischer Motive deuten? Hegel spielt im letzten Teil explizit auf die aktuellen astronomischen Bestrebungen und die gezielte Durchmusterung des Nachthimmels durch die von Zach mitbegründete „Himmels-Polizey“ an, die ja auf der „eifrigen“ Suche nach dem fehlenden Planeten war: „Da aber in der Naturordnung dem fünften Gliede der [Titius-Bode-]Reihe kein Planet entspricht so glaubt man, dass doch zwischen Mars und Jupiter tatsächlich einer existiere und, ohne dass wir ihn kennen, tatsächlich durch den Himmelsraum wandle, – und eifrig wird nach ihm gesucht“ (S. 73). Hegel unterliegt damit keineswegs einem Fehlschluss. Weder der Status der Ceres noch die Gewissheit, die Ceres überhaupt ein zweites Mal aufzufinden, waren zum Zeitpunkt der Abfassung der Planetenschrift zu erwarten. Ohne das Berechnungsverfahren von Gauß wäre die Ceres im Dezember,

[54] Einige Ausführungen bei Harris würden diese Sichtweise gleichfalls unterstützen. Vgl. H. S. Harris: *Hegel's Development. Night Thoughts.* Oxford 1983, 93.

also ohnehin erst nach Abschluss von Hegels Habilitation, nicht einmal wiedergefunden worden. Gauß sah ja fast alle Hoffnung dahinfahren, „dieses planetarische Atom unter zahlreichen, kleinen Sternen nach Ablauf von fast einem Jahr am Himmel wiederzufinden“ (S. XIV).[55]

Dass es zum Zeitpunkt von Hegels Dissertation also keineswegs ausgemacht war, um welche Art Himmelskörper es sich bei der Ceres handle, ist zusätzlich einem Brief Zachs an den Naturforscher Blumenbach – der auch mit Hegel korrespondierte – zu entnehmen. Zach schreibt ihm im Januar 1802: „Ich eile Ihnen die frohe Nachricht zu geben, dass ich den 7 Decbr vorigen Jahres so glücklich war, unsere spröde Göttin *Ceres* zu ertappen. Hiermit wäre vor der Hand, allen Raisonneurs, Persisfleurs und Spöttlern der Mund gestopft. Der zwischen Mars und Jupiter befindliche, für ein Hirngespinst gehaltene Hauptplanet ist nun da. Meine erste Beobachtung dieses Planeten steht schon seit beynahe 4 Wochen im Januar Heft der M. C. S. 92 gedruckt, ganz so wie sichs gehört. Freylich wuste ich damahls schon dass

[55] Aufschlussreich ist in diesem Zusammenhang, was Zach am 9. Mai 1801 an Johann Friedrich Blumenbach schreibt: „Zum Schluss ein kleines Zeichen meines innigsten Vertrauens, das ich aber sub Sigillo im engsten Vertrauen mittheile, und bey sich zu behalten bitte, wir sind nemlich auf der Spuhr eines neuen, zwischen Mars und Jupiter existirenden Planeten, er ist aber so klein, wie ein Stern 8ter Grösse, daher er so lange nicht zu finden war. Bald erfahren Sie mehr davon, er ist jezt nicht sichtbahr, weil er am Tag am Himmel steht, zwischen dem Stier, und den Zwillingen. Das bleibt Theuerster Freund unter uns, sub sigillo amicitiae“ (*Korrespondenz-Blumenbach* VI: 56). – Wenn Gauß vom „planetarischen Atom“ spricht, so betitelt Jean Paul die Ceres als „Wandelsternchen“ und kommt auch nicht umhin, in seinem *Kometen*, im Kapitel über die Ceres, den Namen Hegel fallen zu lassen, wenngleich nicht unter astronomischen Gesichtspunkten, sondern mit Blick auf das unbeschwerte Leben der Tiere: „Nur Hegel, der Philosoph, sieht einen dunkeln Trauerrand um das weite tierische Leben gezogen, den er mit trüber Philosophie in ihre leichten flüchtigen Empfindungen hineinträgt“ (*Sämtliche Werke*. Abt. I, Bd. 6. Frankfurt a. M. 1996, 132). Wandelstern entspricht der klassischen Übersetzung von πλανήτης.

es höchstwahrscheinlich die Ceres war, aber da ich noch nicht ganz gewis davon war, so wollte ich nicht wie *Bode,* einen blinden Lerm machen, und behielt mein Geheimniss fein *in petto*. Niemand als der Herzog, die Herzogin, und Bürg wusten davon. Indessen habe ich damahls schon etwas gethan, dass einst den Beweis in sich einschliessen sollte, dass ich diesen verdächtigen Fremdling Nr. 1 für die Ceres gehalten hatte, dann ich reducirte diesen Stern wieder alle Gewohnheit, nicht wie einen Stern, sondern behandlete ihn ganz planetenartig" (*Korrespondenz-Blumenbach*, Bd. VI: 131). Was bedeutet der zitierte Brief für die Beurteilung von Hegels Habilitationsschrift? Wird Hegel hier vielleicht schon zu den „Raisonneurs, Persisfleurs und Spöttlern" gezählt, die den Hauptplaneten für ein „Hirngespinst" gehalten haben? Jedenfalls lag Zach zum Zeitpunkt der Abfassung des Briefs Hegels *Dissertatio* bereits vor. Wenn die erneute Sichtung am 7. Dezember zunächst geheim gehalten wurde, so konnte Hegel zum Zeitpunkt der Anfertigung seiner Dissertation bestenfalls auf die Sichtung Piazzis eingehen, die damit das einzige öffentlich bekannte und zugleich sehr vage und zufällige empirische Indiz für die Existenz eines neuen Planeten darstellte. Hinzukommen die rein hypothetischen, aber entschieden euphorischen Einschätzungen Bodes und Zachs. Letzterer gibt sogar selbst zu, er habe die Ceres voreilig als planetenartig behandelt und „wider alle Gewohnheit" nicht als Stern.

Nicht die Sichtung von Piazzi Anfang 1801 war ausschlaggebend für die – vorübergehende – Einstufung der Ceres als neuen Hauptplaneten, sondern die erst 1802 publizierte Wiederentdeckung Zachs. Davon konnte Hegel tatsächlich noch nichts gewusst haben und aus Zachs Brief an Blumenbach lässt sich erkennen, dass der Status allenthalben kontrovers diskutiert wurde und überdies wichtige Fakten geheim gehalten wurden. Damit war Hegel mit dem letzten Teil seiner Dissertation keinem Irrtum unterlegen, sondern völlig auf der Höhe der Kontroversen seiner Zeit. Für den geschilderten Hergang spricht auch, dass Hegel noch Ende Dezember 1801 oder Anfang 1802 seine Dissertation an Hufnagel nach Frankfurt übersenden wollte (B I:

65), ohne dabei auf die abermalige Sichtung der Ceres eingehen zu können. Sie war in diesen Monaten noch Zachs wohlgehütetes „Geheimniss".

Meist führt als Indiz dafür, dass Hegel die Entdeckung Piazzis nicht entgangen sein wird, eine Mitteilung aus dem *Intelligenzblatt der Allgemeinen Literatur-Zeitung* an: „III. Entdeckung. Ein Gelehrter in Palermo, Namens Piazzi, hat an den berühmten Astronomen Bode in Berlin geschrieben, dass er einen Kometen entdeckt habe, der etwa 6 Grad von der Ekliptik entfernt sey; er habe aber keinen Nebelfleck wahrgenommen. Bode vermuthet, dass vielleicht von einem neu bemerkten Planeten zwischen dem Mars und Jupiter die Rede seyn könne, da bekanntlich zwischen diesen beiden Planeten ein großer Zwischenraum ist, und hat den Herrn Piazzi ersucht, seine Beobachtungen fortzusetzen und ihm die ferneren Wahrnehmungen mitzutheilen" (GW 4: 632f. / Nr. 90, Mittwoch, den 6ten May 1801, Sp. 723). Dies ist insofern relevant, als dass in Jena wohl jeder Akademiker ein eifriger Leser dieses Periodikums war.

Besagter Franz Xaver v. Zach, der Hofastronom von Herzog Ernst II. von Sachsen-Gotha-Altenburg, war ein nachdrücklicher Befürworter der These, dass es sich bei Piazzis Sichtung um den zwischen Mars und Jupiter vermuteten Hauptplaneten handle, der sich nach der Titius-Bode-Reihe dort eben befinden müsse. Zwei Fragen interessieren im Kontext der *Dissertatio* besonders: Konnte Hegel Zachs Texte zur Sichtung der Ceres gleichfalls kennen und wenn ja, finden sich in seiner *Dissertatio* kritische Einwände gegen Zachs methodischen Ansatz einer „mathematischen Logik"? Mit letzter Sicherheit können diese Fragen mangels eindeutiger Zeugnisse nicht beantwortet werden, doch erscheint es reizvoll, diese Möglichkeit einmal durchzuspielen. Einiges spricht für eine Bezugnahme Hegels.

Zach gab in Gotha eine astronomische Fachzeitschrift heraus, die *Monatliche Correspondenz zur Beförderung der Erd- und Himmels-Kunde*. Darin haben er und andere Forscher die Entdeckung der Ceres intensiv besprochen und publizistisch begleitet. Auch Zachs schmähende Kritik von Hegels Planetenschrift erschien hier. Von besonderem Interesse ist ein Artikel Zachs, der bereits im Juni 1801 veröffentlicht wurde. Dass Zachs Beiträge durchaus im unweiten Jena gelesen wurden, belegt beispielsweise ein Brief von Henrik Steffens an Schelling vom Oktober 1799: „Rennels Karte in Zach ist mir sehr wichtig gewesen. Ich habe selbst eine Copie davon [...]" (Plitt I: 281). Weiterhin war Zach mit Goethe[56], Ritter und anderen Personen aus Hegels Umfeld persönlich bekannt. Am 20. Oktober 1801, während der Abschlussphase der Niederschrift der *Dissertatio*, lässt Goethe Hegel *via* Schelling ausrichten: „Wenn Herr Doctor Hegel mich morgen früh um 11 Uhr besuchen will, so soll es mir angenehm sein" (Plitt I: 348). Für sich genommen wäre dies eine einigermaßen belanglose Mitteilung. Doch besuchte Goethe – ausgerechnet am Tage von Hegels Disputation und einen Tag vor seinem eigenen Geburtstag –, am 27. August 1801, die Sternwarte am Seeberg.[57]

Der besagte Beitrag, den Hegel möglicherweise gelesen hatte, handelt „Über einen zwischen Mars und Jupiter längst vermutheten, nun wahrscheinlich entdeckten, neuen Hauptplaneten unseres Sonnensystems" (Bd. 3, Stück XLVI, 582, Junius 1801).[58] Aus diesem Text seien einige wissenschaftstheoretische Überlegungen, die den Ansichten Hegels geradewegs widersprechen mussten, mitgeteilt. Daneben sei Zachs Beschreibung seiner „Himmels-Polizey" angeführt und Hegels Kritik an Fichtes sogenannter Passpolizei aus der *Differenzschrift* Zachs Beschreibung gegenübergestellt.[59] Beide Passagen geben Anhaltspunkte

[56] So hegte auch Goethe durchaus kritische Anfragen an die Astronomie seiner Zeit bezüglich der Entdeckung der neuen Planeten und der mathematischen Methode: „Sind die neu entdeckten Planeten nicht der ganzen Welt unsichtbar, außer den wenigen Astronomen, denen wir auf Wort und Rechnung glauben müssen?" (*Wanderjahre*, *Aus Makariens-Archiv*, Hamburger-Ausg. Bd. 8, 471).

[57] Vgl. Sigrid Damm: *Goethes Freunde in Gotha und Weimar.* Berlin 2014, 182.

[58] Auch bei Brosche 1998, *Astronomie der Goethezeit*, 115–136 abgedruckt.

[59] In den *Grundlinien der Philosophie des Rechts* (1820) kommt Hegel

dafür, dass Hegel in seiner Planetenschrift Zach nicht nur nicht ignoriert, sondern ihn vielmehr methodisch explizit kritisiert. Für diese Version des Vorgangs spricht zudem eine Mitteilung Schellings an Schlegel, der Physiker Ritter habe aus Jena Hegels *Dissertatio* absichtlich nach Gotha übersandt, um eine abschätzige Reaktion auf seine Naturphilosophie zu provozieren (S. LVI).[60]

Zunächst seien Zachs philosophisch-methodische Überlegungen wiedergegeben (*Monatl. Corresp.*, Bd. 3, 593–595): „Was die Astronomen in dieser Meinung von der Existenz eines solchen Planeten [zw. Mars und Jupiter] noch mehr bestätigen konnte, war ein gewisses Verhältniß, das die bisher bekannten sechs Hauptplaneten in ihren Entfernungen von der Sonne beobachten, welches Verhältniß durch siebenten den von Dr. Herschel im J. 1781 jenseits der Saturns-Bahn aufgefundenen neuen Hauptplaneten *Uranus* auf eine unerwartete Art bestätiget wurde. Prof. Bode hat diese merkwürdige Verhältniß [...] zuerst bekannt gemacht. Um dieses nur ungefähr und durch kleine Zahlen, die sich leicht übersehen lassen, darzustellen, so theile man den Abstand der Sonne zum Saturn in 100 gleiche Theile, so ist:

1) Mercur	4 solche Theile von der ⊙ entfernt
2) Venus	4 + 3 = 7
3) Erde	4 + 2. 3 = 10
4) Mars	4 + 2. 2. 3 = 16
5) Hera oder Juno	4 + 2. 2. 2. 3 = 28
6) Jupiter	4 + 2. 2. 2. 2. 3 = 52
7) Saturn	4 + 2. 2. 2. 2. 2. 3 = 100
8) Uranus	4 + 2. 2. 2. 2. 2. 2. 3 = 196
etc.	etc. .... etc.

auf Fichtes „Paßpolizei" abermals zu sprechen, allerdings nur kursorisch (GW 14,1: 15).

60 Zwischen Ritter und Schelling herrschte zu diesem Zeitpunkt ein Plagiatsstreit, in den auch Goethe involviert war. Vgl. Olaf L. Müller: *Ultraviolett. Johann Wilhelm Ritters Werk und Goethes Beitrag – zur Geschichte einer Kooperation*. Göttingen 2021, 167–171.

[Anmerkung: Bei „Hera oder Juno“ handelt es sich um Wunschnamen Zachs für Ceres. Es folgt die Darlegung der allgemeinen Formel dieser Reihe, wie sie Wurm aufgestellt hat.] Dieses Gesetz gründet sich auf keine uns bekannte Theorie, wenigstens hat man es bisher nicht mathematisch beweisen können, und es ist bloß empirisch aus analogischen Schlüssen gefolgert worden. In keiner Wissenschaft hat der menschliche Geist bloß durch mathematische Logik, und durch schärfe des geometrischen Nachdenkens, mehr gewissere und reinere Wahrheiten als in der Sternenkunde herausgebracht. Wenn man die Größe und Erhabenheit der Gegenstände, womit sich diese Wissenschaft beschäftiget, und die Kleinheit des Menschen und seines Wohnsitzes betrachtet, [...] Verkettungen himmlischer Erscheinungen erwäget, welche alle nur aus einem einzigen sehr einfachen Naturgesetze, der allgemeinen, durch das ganze Schöpfungs-Gebiet verbreiteten Schwerkraft gefolgert werden [...] daß in keiner Wissenschaft so viele Entdeckungen a priori gemacht worden, und daß sich keine Wissenschaft auf unumstößlicher Beweise gründet, als die erhabene Sternenkunde [hier zitiert Zach Laplace, den Hegel gleichfalls gelesen hatte]“.

Hegel greift gleich mehrere Themen Zachs auf. Zach gibt Auskunft über seine wissenschaftliche Methode. Für Hegel sind Zachs Ergebnisse keinesfalls mathematisch erwiesen, sondern bestenfalls zufällige Übereinstimmungen. Dies belegt eine Stellungnahme aus der *Differenzschrift*, die man als Gegenstellung zu Zachs Ausführungen heranziehen kann[61]: „Es bleibt für ihn keine dynamische sondern nur eine mathematische Konstruktion der Erscheinungen. Die Durchführung der Erscheinungen, die gegeben seyn müssen, durch die Kategorien, kann wohl mancherlei richtige Begriffe, aber für die Erscheinungen keine

[61] Hegel schreibt im Februar 1821 über die Titius-Bode-Reihe im Gutachten zu *Thilo zu Wiedenbrücks Theorie des Sonnensystems*: „[...] dies Gesetzt drückt bekanntlich nur empirisch und ungefähr das Verhältnis der Abstände der Planeten aus [...]“ (Nach dem Hauptentwurf. *Berliner Schriften*: 537).

Nothwendigkeit geben und die Kette der Nothwendigkeit ist das Formale des Wissenschaftlichen der Konstruktion; die Begriffe bleiben ein der Natur, so wie die Natur ein den Begriffen Zufälliges; richtig konstruirte Synthesen durch Kategorien hätten darum nicht nothwendig ihre Belege in der Natur selbst; die Natur kann nur mannichfaltige Spiele darbieten, welche als zufällige Schemate für Verstandes-Gesetze gelten könnten; Beispiele, deren eigenthümliches und lebendiges gerade insofern wegfiele, als die Reflexions-Bestimmungen allein in ihnen erkannt werden; umgekehrt sind die Kategorien nur dürftige Schemate der Natur" (GW 4: 70).

Noch ein weiterer von Hegel zuvor in der *Differenzschrift* mit Blick auf Fichtes staatsphilosophischen Deduktionsmechanismus kritisierter Vorgang sollte sein Missfallen in Zachs Bericht hervorgerufen haben. Zach blickt auf die Einrichtung seiner „Himmels-Polizey" zurück (s. o. 602f.)[62]: „Jedes Mitglied sollte eine ganz genaue Himmels-Karte bis zu dem kleinsten teleskopischen Stern seines Departements entwerfen. [...] Durch eine solche, streng organisirte, in 24 Departements abgetheilte Himmels-Polizey, hofften wir endlich diesem, unsern Blicken so lange sich entzogenen Planeten, wenn er anders existirt und sich sichtbar zeigt auf die Spuhr zu kommen".

Zachs Beschreibung seien zunächst Fichtes Ausführungen zur sogenannten „Paßpolizei" aus den *Grundlagen des Naturrechts nach Prinzipien der Wissenschaftslehre* gegenübergestellt. Fichte fordert, dass die Polizei jeden Bürger mit fast mathematischer Sicherheit entdecken können solle und somit der Ort und die Zeit seines Aufenthaltes a priori bestimmbar würden, damit zukünftige Verbrechen verhindert werden könnten: „Die Hauptmaxime jeder wohleingerichteten Polizei ist nothwendig folgende: jeder Bürger muss allenthalben, wo es nöthig ist, sogleich anerkannt werden können, als diese oder jene bestimmte Person: keiner muß dem Polizeibeamten unbekannt bleiben können. [...] Jeder

62 Näheres zur Geschichte der „Himmels-Polizey" bei Cunningham (2016a, 19–23).

muss immerfort einen Pass mit sich führen [...] Kein Mensch werde an irgendeinem Orte aufgenommen, ohne dass man den letzten Ort seines Aufenthalts, und ihn selbst durch diesen Pass genau kenne. [...] In einem Staate, wo alles Ordnung ist, und alles nach der Schnur geht, bemerkt diese ungewöhnlichen Bewegungen die Polizei und wird sogleich aufmerksam [...]" (Werke III: 295–392). – Ähnlich sollte sich der Aufenthalt von Planeten mathematisch-himmelspolizeilich bestimmen lassen.

So wie die Planeten für Zach wohl „nach der Schnur" zu gehen haben, gehen die Bürger in Fichtes Idealstaat a priori vorhersagbar und ganz mechanisch nach eben dieser. Ein Merkmal einer solchen Polizei ist bei Fichte wie bei Zach gleichermaßen, dass sie a priori angeben könne, wo sich entweder ein Planet oder ein Bürger befinde. Die mechanistische Aberkennung der menschlichen Freiheit durch Fichtes Deduktionssystem kritisiert Hegel in der *Differenzschrift*. Nun sind die Planeten nach Hegels Dafürhalten sogar durch ein noch höheres Maß an Eigenfreiheit gekennzeichnet als die Bürger eines Staates, denn sie sind nicht „an die Scholle gebunden" (S. 17), ein Ausdruck aus dem Feudalrecht. Zu Fichtes Vorstellung eines Polizeistaates schreibt Hegel bekanntermaßen: „Aber jener Verstandes-Staat ist nicht eine Organisation, sondern eine Maschine; das Volk nicht der organische Körper eines gemeinsamen und reichen Lebens, sondern eine atomistisch lebensarme Vielheit, deren Elemente absolut entgegengesetzte Substanzen, theils eine Menge von Punkten [...]" (GW 4: 58). Aus Hegels Perspektive könnte Freiherr v. Zach als ‚Fichte der Astronomie' bezeichnet werden. Damit wäre seine Dissertation letztendlich auch eine ‚Differenzschrift' zwischen der „mathematischen Logik" einer vorgestellten Sonnensystemmaschine und der spekulativen Dialektik des Sonnensystems als eines höheren Organismus. Vorstellbar ist wenigstens, dass Hegel sowohl gegen eine Himmels- als auch gegen eine Passpolizei geschrieben hat.

6. *Kritische Reaktionen auf die Planetenschrift*

Paradigmatisch für jedwede Polemik gegen Hegel ist Rudolf Hayms politisches Machwerk *Hegel und seine Zeit* (Berlin 1857). Alles, was er darin über die Habilitation schreibt, lässt sich aus Karl Rosenkranz' Lebensbeschreibung Hegels (1844) herleiten. Rosenkranz stand noch ein größerer Teil von Hegels nachgelassenen Manuskripten zur Verfügung als uns heute. Angesichts der Fülle des Stoffes und der Kürze der Bearbeitungszeit seiner Biographie hat er sich dabei vorschnell zu einigen Fehleinschätzung verleiten lassen.[63] Haym hätte dabei einige Irrtümer von Rosenkranz zugunsten Hegels rektifizieren können. Denn ihm wurde abermals ein größerer Teil des handschriftlichen Nachlasses für seine Recherchen zur Verfügung gestellt. „Die Dissertation *pro licentia docendi* [...] war ein Kapitel aus der Naturphilosophie, ein Versuch, die Kepler'schen Gesetze der Gestalt der Planetenbahnen und der Geschwindigkeit der Bewegung der Planeten a priori zu entwickeln. – ein Versuch, welcher freilich nicht zum Besten glückte. [...] in Beziehung auf die Abstände der Planeten wurde vermuthet, daß die alte im Platonischen Timäus aufgestellte Zahlenreihe die richtige, und daß daher zwischen der vieren und der fünften Stelle kein weiterer Planet zu desideriren sei. – Diese Bemerkung war unglücklicher Weise durch die Entdeckung der Ceres bereits widerlegt, als Hegel sie niederschrieb" (Haym 1857, 154).

Die Rhetorik gegen Hegel spitzt sich in Verbindung mit den Vorurteilen gegenüber der *Dissertatio* und mit Hegels zunehmendem Einfluss während seiner Berliner Zeit zu. Symptomatisch für die Einordnung Hegels durch die Späteren und einige Zeitgenossen ist etwa eine briefliche Bemerkung Alexander v.

[63] Dies trifft auch auf andere Schriften der Jenaer Zeit zu, so auf die diversen Ausarbeitungen der *Verfassung Deutschlands.* Vgl. den Vorbericht von Kurt Rainer Meist in G. W. F. Hegel: *Über die Reichsverfassung.* Hamburg 2004, VII ff. Hierher gehört auch H. Kimmerles: „Die von Rosenkranz überlieferten Texte Hegels aus der Jenaer Zeit. Eine Untersuchung ihres Quellenwerts". In: *Hegel-Studien* 5 (1969), 84–94.

Humboldts, mit der er sich für die Zusendung von Hegels Dissertation durch Christian Gottfried Ehrenberg bedankt: „Vielen Dank mein lieber für den lustigen Hegel, der zu einer Zeit wo Ceres ihm unbewußt schon entdekt war, beweist, daß es keine Ceres geben kann“ (Berlin, um 1830).[64] Dieser Topos des Komischen wiederholt sich etwa zehn Jahre später in einer vielzitierten, einflussreichen Korrespondenz zwischen Gauß und Schumacher. Es scheint gerade so, als werde „derselbe alte Kohl immer wieder auf[ge]koch[t] und nach allen Seiten hin aus[ge]geben“ (GW 14,1: 6).[65]

Bezüglich der initialen und unmittelbaren Abwertung von Hegels Dissertation ist ein Brief Schellings an August Wilhelm Schlegel vom 3. September 1802 erhellend. Schelling beschuldigt darin den Jenaer Physiker Johann Wilhelm Ritter einer Mitwirkung an der ablehnenden Kritik des Herzogs von Gotha und Zachs an Hegels Planetenschrift.[66] Aus dem Schrift-

[64] Alexander von Humboldt an Christian Gottfried Ehrenberg. [Berlin], [wohl um 1830]. Hg. v. Anette Wendt unter Mitarbeit von Eberhard Knobloch und Linda Kirsten. In: *edition humboldt digital*, hg. v. Ottmar Ette. Berlin-Brandenburgische Akademie der Wissenschaften, Berlin (Version 6 vom 13.10.2020) [https://edition-humboldt.de/v6/H0016747]. Zum Verhältnis von Hegel und Humboldt vgl. Friedrich Herneck: „Hegel und Alexander von Humboldt“. In: *Wissenschaftliche Zeitschrift der Humboldt-Universität zu Berlin, Mathematisch-Naturwissenschaftliche Reihe* XX.2 (1971), 267–270.

[65] So geschehen durch den Naturforscher Matthias Jacob Schleiden. Vgl. Neuser 1986, 4f. Schleiden: *Schelling's und Hegel's Verhältniss zu den Naturwissenschaften* (*Als Antwort auf die Angriffe des Herrn Nees von Esenbeck in der Neuen Jenaer Lit.-Zeitung, Mai 1834* […]). Leipzig 1844, 41 und 53ff., mit Erläuterungen neu hrsg. von Olaf Breidbach, Wiesbaden 1988. Schleiden schreibt: „Im Jahr 1801 hatte Hegel die Asteroiden dialektisch vernichtet“ (41). Zu Schleidens Kontrahent vgl. Johanna Bolhey: „Christian Gottfried Nees von Esenbeck“. In: Bach u. Breidbach 2005, 275–298 und zu Schleiden vgl. Ulrich Charpa, ebd. 627–654.

[66] Zu Ritter und Hegel vgl. Paul Ziche „Naturforschung in Jena zur Zeit Hegels. Materialien zum Hintergrund der spekulativen Naturphi-

stück geht hervor, dass Schelling und mit ihm wohl auch Hegel Zachs entsprechende Kritik aus der *Monatlichen Correspondenz* zur Kenntnis nahmen. Schelling schreibt[67]: „Übrigens ist es unmöglich, daß Sie Ritter sowohl von Seiten seiner mit aller Gewalt retardieren wollenden, als von Seiten seiner klatschhaften Tendenz kennen, wie es denn er ist der dem Herzog von Gotha [...] Hegels Disputation überantwortet hat, worauf denn alle die Pöbeleien darüber, zuerst im Reichsanzeiger, in Zachs Journal usw. erfolgt sind" (HBZ: 49). Diese Mitteilung Schellings interessiert nun aufgrund mehrerer Aspekte. Zum einen dokumentiert sie den wissenschaftlichen Austausch und die Konstellationen in und um Jena.[68] Zum anderen dokumentiert sie erneut die Lektüre oder Kenntnis von Zachs *Monatlicher Correspondenz*. Ritter gehörte im Übrigen auch zu Hegels regelmäßigem Umgang (Vieweg 2019, 201 f.).[69]

losophie". In: *Hegel-Studien* 35 (1997), 16 und Rosenkranz (1844, 220). Ritter hat übrigens seinerseits an einem Gesetz für die Planetenabstände geforscht und stand daher mit v. Zach in Verbindung (Cunningham 2017a, 21 ff.).

67 Näheres zum Schelling-Brief in AA II,3: 467 u. Kommentar 822. Der Hinweis auf den *Reichs-Anzeiger* (Nr. 35, vom 2. Februar 1802, Bd. 1, Sp. 243 f.) bezieht sich nicht auf Hegels Planetenschrift, sondern dieser enthält eine Persiflage auf Bamberger medizinische Promotionen.

68 Dass Klatschereien und Konkurrenzdenken im Jena um 1802 zur Tagesordnung des akademischen Betriebs gehörten, illustriert etwa ein Brief Fichtes (*Fichtes und Schellings philosophischer Briefwechsel*. Stuttgart/Augsburg 1858, 117): „Lieber Schelling, wenn Sie wissen sollten, wie häufig mir geschrieben und von durchreisenden Fremden versichert worden, daß Sie, seit meiner Abwesenheit in Jena, auf mich [...] auf dem Katheder zu spotten pflegten, und nun bemerken wollten, daß ich Ihnen dieß gewiss nie auf die entfernteste Weise habe empfinden lassen, so würden Sie ungläubiger an meinen Glauben an Klatscherei seyn".

69 Sowohl Zach als auch Herzog Ernst II. förderten Ritters Untersuchungen. Vgl. Klaus Richter: *Das Leben des Physikers Johann Wilhelm Ritter. Ein Schicksal in der Zeit der Romantik*. Weimar 2003, 113 ff. und Heiko Weber: „Johann Wilhelm Ritter". In: Bach u. Breidbach 2005, 507–536.

Von welcher „Pöbelei" Zachs berichtet Schelling an Schlegel? In der *Monatlichen Correspondenz zur Beförderung der Erd- und Himmels-Kunde* (Bd. 5, April 1802, Stück XXXIV, 333–334) lässt Zach verlauten[70]: „[...] Man hat längst darüber geklagt, daß gründliche mathematische Studien auf unsern Schulen immer mehr und mehr vernachlässigt werden. Den sichersten und traurigsten Beweis davon geben die überhandnehmende Menge unserer heutigen transcendentalen Physiker. In der That welche Erscheinungen könnten für den Zustand unserer Wissenschaften wol trauriger, niederschlagender und charakteristischer seyn, als die wir z.B. erst kürzlich zur Schande unseres angehenden Jahrhunderts, auf der *Bamberger* Universität erleben mußten [vgl. HBZ: 49], worüber gelehrte Blätter ihren Unwillen geäußert haben. Was soll man zu einer anderen academischen Schirft sagen, worin behauptet wird, die *wahre Philosophie* erkenne auf keine Weise, ein solches Gesetz, nach welchem es zwischen Jupiter und Mars noch einen Planeten geben könne; sie gebe vielmehr ein anderes *wahres* Gesetz an, aus welchem *offenbar* wird, daß ein solcher Planet im Weltsystem nicht vorhanden seyn könne. Solche unverschämte Behauptungen werden in eben dem Jahr gedruckt, in welchem die Ceres entdeckt wird! Solche Leute, die erst lernen sollten, ehe sie lehren, welche nicht einmal Gewicht und Schwere gehörig zu unterscheiden wissen, sich die schülerhaftesten Fehler zu Schulden kommen lassen, wollen neue Bahnen brechen, wollen *Newton*, dessen Schuhriemen aufzulösen sie höchst unwürdig sind, tadeln und meistern, dessen Lehren noch immer die glänzendsten Entdeckungen im Weltsystem veranlassen, indessen ihre Hyperphysik[[71]] und Träumereyen nicht nur nicht die geringste Entdeckung hervorgebracht, sondern sie sogar verhindert haben würden, wenn man ihnen gefolgt wäre! [...] Ist es nicht jedes rechtschaffenden denkenden Mannes Pflicht gegen

[70] Teilweise zuvor schon abgedruckt bei Knopf 1937, 113f.

[71] Der Terminus „Hyperphysik" bezieht sich auf die Wirkung geistiger Kräfte als Erklärung für physische Vorgänge. Vgl. Carl Christian Erhard Schmid: *Physiologie. Philosophisch betrachtet.* Bd. 1. Jena 1798, 346f.

einen solchen literarischen Vandalismus zu Felde zu ziehen? Ein gelehrter Fürst, der die *wahre* Physik und die *wahre* Astronomie kennt, und dem diese transcendentale academische Schrift zu Gesichte kam, schrieb darauf: *Monumentum Isaniae Saeculi XIX* [Denkmal des Irrsinns aus dem 19. Jahrhundert]".

Dieser vernichtenden Stellungnahme gedenkt Gauß vierzig Jahre später noch einmal (S. LX). Zweifelhaft ist indes, ob der Herzog den abschätzigen Vermerk wirklich auf sein Exemplar geschrieben hat. In der *Forschungsbibliothek Gotha* (Univ. Erfurt) findet sich tatsächlich ein Exemplar von Hegels seltener Schrift (Signatur: *FB Gotha, Math 8° 398/1*). Weder darauf noch darinnen befinden sich handschriftliche Eintragungen.[72]

Hegel hat angesichts dieser in Jena durchaus bekanntgewordenen Kritik weder sogleich Teile seiner Dissertation widerrufen noch eine Replik verfasst. Vielmehr finden sich in seinen Jenaer Texten durchaus modifizierende Anschlüsse (GW 7: 179 ff.). Kaum ein Jahr später geht Schelling, trotz – oder gerade wegen – der ihm nunmehr bekanntgewordenen Kritik Zachs, explizit auf Hegels Schrift ein. Insbesondere aus Schellings Rekurs in seiner *Ferneren Darstellung aus dem System der Philosophie* folgt, dass Zachs Kritik die methodischen Überlegungen von Hegels Arbeit verfehlte: „Nach Entdeckung des einen jener beiden Planeten ist vonseiten der Astronomen gerühmt worden, daß sein Daseyn von ihnen zum voraus, und zwar aus der bekannten arithmetischen Folge [Titius-Bode-Reihe] der Distanzen bestimmt gewesen, und es möchte wohl hier und da Gutmüthige geben, die ihnen hierin Glauben beimäßen. Allein unmöglich kann man sich rühmen, das, gleichsam a priori, gewußt zu haben, was man aus einem falschen Grunde – auch übrigens der Sache nach richtig – gemeint hatte. – Denn die später erfolgte diesen Astronomen gänzlich unerwartete Entdeckung der Pallas hat die angebliche arithmetische Folge völlig zerstört und

[72] Nach Sascha Salatowskys Untersuchung (Erfurt, schriftliche Mitteilung vom 10. 12. 2020), dem hiermit für seine Suche und Autopsie gedankt sei.

in ihrer Nichtigkeit gezeigt. Die Empirie, so oft sie etwas allgemein aussprechen will, kann von der fortgehenden Erfahrung immer nur Widerlegung erwarten, so wie die Theorie welche mittelbar oder unmittelbar, mehr oder weniger bewußt, von den Ideen oder der Construktion abgeleitet ist, von der Erfahrung immer nur bestätigt werden kann" (SW I,4: 472f.). Weiter referiert Schelling seine eigene Kohäsionstheorie, die nun selbst Himmelskörper zwischen Mars und Jupiter konstruiert habe.[73] Unter inhaltlichem Rückgriff auf Hegels Planetenschrift wird darin nochmals die Ablehnung mathematischer Deduktionen a priori und deren Übertragung auf Naturphänomene unterstreichend bekräftigt. Die spätere Verteidigung Hegels durch seine beiden Schüler Erdmann und Strauß ist durch Schellings Verweis auf die Pallas vorgezeichnet. Schellings Andeutungen hinsichtlich „gewisse[r] Astronomen" lässt die Vermutung zu, dass Hegels *Dissertatio* bereits der ersten Intention nach gegen eben jene „Astronomen" gerichtet war. Dies wiederum bekräftigt die These einer zweiten Differenzschrift.

7. *Die* Freundesvereinsausgabe *und weitere Gegenreaktionen*

Die kurzzeitige Sichtung eines Himmelsphänomens ist qualitativ völlig anderes zu bewerten als dessen konstante Beobachtbarkeit, aus der eine methodisch planbare Sichtung über einen langen Zeitraum hinweg erfolgen kann. Das scheint schnell in Vergessenheit geraten zu sein. Hegels vermeintlich misslungener Dissertation schien man jedoch allzu gerne zu gedenken. Als das Gespräch Jahre später auf Hegels *Vermischte Schriften* (1834) kam, erinnert Gauß an den Vorgang und an Zachs Erledigung der Hegelschen Einlassung. Am 25. Januar 1842 schreibt er aus Göttingen an Schumacher: „Noch eine Bitte! Ich erinnere mich in einem Bande der monatlichen Correspondenz (etwa 1802,

[73] Zur Kohäsionstheorie Schellings vgl. Bonsiepen 1997, 205ff., zu jener Hegels Neuser 1986, 41–49.

1803 oder 1804) einen Artikel von Zach über den Verfall der gründlichen Wissenschaft auf deutschen Universitäten gefunden zu haben, wo er unter anderem anführt, daß auf einer deutschen Universität (vermutlich Jena) eine Dissertation gedruckt sei, worin im Jahre 1802 [richtig wäre 1801] behauptet werde, die wahre Astronomie beweise, daß ein Planet zwischen Mars und Jupiter unmöglich sei. Ein Fürst, der die wahre Astronomie gründlich kenne, habe auf das Titelblatt geschrieben: *Monumentum Insaniae Saec. XIX*. Der Fürst war natürlich Herzog Ernst von Gotha, und der Insanus, wie man auch sonst weiss, Hegel, indessen gesammelten Werken die fragliche Dissertation stehen soll" (Peters 1861, 44). Auf dieser Grundlage zeigt sich Gauß über eine Neuausgabe von Hegels Dissertation durch die *Freunde des Verewigten* einigermaßen verwundert. Geradewegs fassungslos gab sich sein Korrespondenzpartner Schumacher, wie er in seiner Antwort vom 31. Januar 1842 zu erkennen gibt: „Daß Hegel's Verehrer die famöse Doctor Dissertation in seinen Werken wieder haben abdrucken lassen zeigt wenig Pietät. Unter Noahs Söhnen war doch einer der die Scham seines Vaters bedeckte, aber die Hegelianer rissen den Mantel noch weg, den Zeit und Vergessenheit schon mitleidig über die Schande ihres Meisters geworfen hatten" (ebd. 46). Die Publikation und Rezeption dieses Briefwechsels strahlt bezüglich Hegels negativer Einordnung in die Wissenschaftsgeschichte bis heute aus. Die Ressentiments werden zum Beispiel in Rudolf Wolfs vielgenutztem *Handbuch der Astronomie* wiederholt.[74]

[74] Dritter Halbband, Nr. 543. Zürich 1892, 455. Ähnlich, jedoch in abgeschwächter Form, bei J. H. v. Mädler: *Geschichte der Himmelskunde*. Bd. I. Braunschweig 1873, 41. Hegels einstiger Freund H. E. G. Paulus wütet gegen ihn in einer Streitschrift und geht mit schärfster Polemik vor [anonym]: *Entdeckung über die Entdeckungen der neuesten Philosophen. Ein Panorama in fünfthalb Acten, mit einem Nachspiel*. Bremen 1835. Der Bruch mit Hegel erfolgte wohl während des Württembergischen Verfassungsstreits (besonders 1816/17), da Hegel für die neue Verfassung, Paulus für das überkommene, alte Recht eintrat. In seinem Buch widmet er der Sache einige Seiten unter dem allessagenden Titel (1835, 23):

Tatsächlich wirf die Bemerkung Schumachers die Frage auf, warum Hegels Schüler den Text in die sogenannte *Freundesvereinsausgabe* aufgenommen haben. Hegel selbst habe ihn doch in der ersten Auflage seiner *Encyklopädie* („Was die Reihe der Planeten betrifft, so hat die Astronomie über die nächste Bestimmtheit derselben, die Entfernung, noch kein wirkliches Gesetz, vielweniger etwas Vernünftiges entdeckt. – Was ich in meiner früheren Dissertation hierüber versucht habe, kann ich nicht mehr als befriedigend ansehen". 1817, § 224[75]) und bereits zuvor, im Dezember 1811, in einem Antwortschreiben an van Ghert (B I: 426)[76] für ungenügend erklärt: „In Ansehung meiner Dissertation würde ich gern Ihr Verlangen erfüllen; aber ich habe kaum noch ein Exemplar davon; Sie verlieren ohnehin nicht viel; – zum Studium der Astronomie ist es beinahe gleichgültig, welche Anleitung Sie zur Hand nehmen; Bode's Lehrbücher haben viel populäres Verdienst".

Was Hegel nunmehr als unbefriedigend deklariert, könnte zum einen der Rückgriff auf die platonische Zahlenreihe und zum anderen die Bezugnahme auf Schellings Kohäsionstheorie sein. Dies geht aus den Nachschriften des Berliner Kollegs über *Naturphilosophie* im Wintersemester 1819/20 (Ringier/Bernhardy) hervor,[77] insbesondere unter der Prämisse, dass die darin

„Wie der von Schelling noch protegierte Hegel dem Planeten zwischen Mars und Jupiter sich zu manifestieren spekulativ verbietet […]". Auch Hegels philosophischer ‚Erzfeind' Jacob Friedrich Fries (*Geschichte der Philosophie*. Bd. 2. Halle 1840, 682–690) lässt es sich nicht nehmen, Hegels Newtonkritik als „Unsinn" zu bezeichnen.

[75] Vgl. weiter die *Vorlesung über Philosophie der Natur* von 1819, GW 24,1: 316. Eine Diskussion von Hegels späterer Auffassung findet sich bei Neuser 1986, 24–27.

[76] In diesem Zusammenhang muss erwähnt werden, dass ein Auszug aus dem besagten Brief an van Ghert in den zweiten Band der *Vermischten Schriften* von Boumann und Förster aufgenommen wurde (*Werke*, Bd. 17, Berlin 1835, 481).

[77] Neuser kommt aufgrund dieser Nachschrift zu einem ähnlichen Ergebnis. Vgl. Wolfgang Neuser: „Planeten". In: *Hegel-Lexikon*. Hg. v. P. G. Cobben et al. Darmstadt 2006, 281 f.

enthaltenen Bemerkungen über die *Dissertatio* auf Hegel selbst zurückgeführt werden: „Mehrere Planeten mehrere Trabanten mehrere Cometen giebt es. – Dies geht uns nicht unmittelbar an. Man muß nicht erwarten daß das verhältniß der Planeten nicht nach bestimten Zahlen fort geht. Es findet sich daß diese Verhältniße auf einen solchen fortgang anspielen. Es sind incommensurable Zahlen. Der Grund hievon liegt darinnen: die Zahl ist die unmittelbare bloß quantitative bestimtheit. Und es ist ganz formell daß imer das Eins zugefügt wird. Es ist nicht für das natürliche anzusehen; sondern die Zahl ist die äußerste lezte Erscheinung diese Zahlen müßten Geseze eines ausdruks sein in dem die unmittelbaren Zahlen enthalten wären. Man kann darüber mancherlei Gedanken haben. Schelling hat das physikalische derselben mit den Metallen verglichen und als eine Reihe von Cohaesionen angesehen. Allgemeine Analogien sind allerdings genug hervorgebracht, Sie geben aber nur einen Faden an. Aber für sich hat das keinen Werth. Und es giebt hier dem Zusamenstellen der Phantasie großes Spiel was aber meistens oberflächlich ist […] – Hegel hat in einer Dissertation diese Planetenreihe betrachtet und sie mit den Platonischen Zahlen verglichen – allein dies ist (Er hat die Cubicwurzeln der Biquadrate mit einander verglichen) imer aus dem Begriff zu entwikeln" (GW 24,1: 41 f.).

Obwohl Hegel, wie seine Mitteilung an van Ghert nahelegt, die Dissertation vermutlich nicht in eine Gesamtausgabe seiner Werke aufgenommen hätte, wurde sie dort zum zweiten Mal, nun posthum, veröffentlicht:

Georg Wilhelm Friedrich Hegel's Werke. Vollständige Ausgabe durch einen Verein von Freunden des Verewigten: […] Sechzehnter Band. *Georg Wilhelm Friedrich Hegel's vermischte Schriften.* Herausgegeben von D. Friedrich Förster und D. Ludwig Boumann. Erster Band. Berlin, 1834. Verlag von Duncker und Humblot. Darin als erster Titel: *Dissertatio philosophica de Orbitis Planetarum. (Pro licentia docendi, Jenae 1801)*, Seiten: 1–29 (Wiederabgedruckt bei H. Glockner, *Jubiläumsausgabe*, Bd. I, 1–29).

Damit sind die beiden, nach Schumachers Urteil, pietätlosen Schüler Hegels namhaft gemacht: Christoph Friedrich Förster (1791–1868) und Ludwig Boumann (1801–1871). Anders als Schumacher es sich ausgemalt hatte, haben beiden den Text wohl ganz bewusst und als wichtige Ergänzung zu Hegels Werkeprofil gewählt und erneut veröffentlicht. Pietätlosigkeit wird sich dahinter nicht verborgen haben. Auch scheinen beide um die widrigen Umstände der Dissertation gewusst zu haben.

Boumann war mit Hegels Interpretation des *Timaios* und damit wohl auch mit der Planetenschrift einigermaßen vertraut. Er reichte bei Hegel im Mai 1827 eine Dissertation mit dem Titel *De physiologia Platonis* ein. Aufgrund des Widerstandes der philosophischen Fakultät musste Boumann die von Hegel günstig beurteilte Arbeit zurückziehen und ein Jahr später eine neue Arbeit über Spinoza einreichen. Der Widerstand der akademischen Kollegen war weniger gegen Boumann als vielmehr gegen Hegel selbst gerichtet (*Berliner Schriften*: 659–664). Boumanns Platon-Arbeit gilt als verschollen. Seinem Biographen Schröder muss sie 1876 noch vorgelegen haben: „Ueber den Platonischen Timäus verfaßte er eine längere lateinische Abhandlung, die sich in seinem Nachlasse vorfindet".[78] Inhaltliche Information zu Boumanns Arbeit sind einzig aus Hegels Gutachten vom 30. Mai 1827 zu gewinnen: „Der Cand. hat sich in seiner Abhandlung die eigentümliche Aufgabe gemacht, aus der sie daher zu beurteilen ist, im platonischen Timäus die abstracte speculative Idee herauszuheben, und in ihren Ausführungen zu verfolgen, so weit sie sich auch in ihren ganz allgemeinen Bestimmungen an dem ungenügenden empirischen Detail zu erkennen geben will" (*Berliner Schriften*: 659). Zu Hegels Planetenschrift ergeben sich somit zwei Bezugspunkte: die Deutung empirischer Phänomene anhand philosophischer Begriffsbildung und inwiefern ein solcher Vorgang im platonischen *Timaios* angelegt sei.

[78] Emil Schröder: „Boumann, Ludwig". In: *Allgemeine Deutsche Biographie,* Bd. 3 (1876), 210.

Hegel hat sich in der Berliner Zeit mit der Interpretation der platonischen Zahlenreihe aus dem *Timaios* fortgesetzt auseinandergesetzt, sich aber von der Möglichkeit verabschiedet, sie empirisch anzuwenden. Einen Anhaltspunkt liefert seine *Vorlesung über Geschichte der Philosophie* aus dem Jahre 1820/21: „Wenn man zum Concreten gekommen ist, so theilt sich die absolute Substanz wieder und setzt den immanenten Unterschied an ihr selbst. Diese Unterschiede sind dann keine abstrakten Momente mehr, sondern selbst Totalitäten. – Die Vertheilung nun enthält die berühmten platonischen Zahlen. Auch Keppler hat sich viele Mühe gegeben, die Harmonie des Universums in Zahlen darzustellen [...] Die Bedeutung dieser Zahlen anzugeben, wäre das Weitere. Die Zahl ist jedoch überhaupt ein unschickliches, ja das allerschlechteste Element für den speculativen Gedanken. Es ist sonach wohl einerseits glaublich, daß mit jenen Zahlen bestimmte Gedanken verbunden gewesen sind, da aber diese Gedanken nicht ausgedrückt sind, so ist auch der Nachwelt nicht zuzumuthen, sie herauszubringen. Die Zahlen sind 1, 2, 3, 4, 9, 8 [hier belässt Hegel die 8 und setzt nicht die 16], 27, dann geht es weiter fort zu größeren Unterschieden, daß Gott die zweifachen und dreifachen Intervalle ausgebildet hat. [...] Diese ganze Darstellung ist höchst unbehülflich und es wäre vergebliche Mühe, einen wirklich reellen Inhalt aus dieser Darstellung herausklären zu wollen. Die Zahl ist, wie gesagt, durchaus ungenügend zur Darstellung des Geistigen" (GW 30,1: 333).[79] Damit kommt Hegel einerseits auf ein Thema seiner Dissertation zurück, sieht aber nunmehr die Verwicklung von Mathematik und Spekula-

[79] Für Hegels spätere Auffassung vgl. die *Enzyklopädie* (1830), GW 20: 266ff., TWA 9: 85–108, Michael J. Petry, *Hegel's Philosophy of Nature*, Vol. I, 263–283 und *Notes*, 348–374. Petrys Kommentar gibt viele Referenzen zu weiteren naturwissenschaftlichen Werken und bietet erste Erklärungen. Vgl. außerdem zur „Absoluten Mechanik" die *Philosophie der Natur* (1825/26), nachgeschrieben von Heinrich Wilhelm Dove (*G. W. F. Hegel. Vorlesungen. Ausgewählte Nachschriften und Manuskripte.* Bd. 17. Hg. v. Karol Bal et al. Hamburg 2007, 64–75).

tion als grundsätzlich unzulänglich an, um die Sphäre des Vernünftigen darzustellen.

Bei zwei von Hegels späteren Berliner Studenten finden sich darüber hinaus weitere Stellungnahmen zur Planetenschrift, die an dieser Stelle Beachtung verdienen. Johann Eduard Erdmann (1805–1892) schreibt in seinem *Versuch der wissenschaftlichen Darstellung der Geschichte der Philosophie* (Bd. II. Stuttgart 1853) zwar nur wenige Zeilen über Hegels *Dissertatio* (Bd. II, 690f.). Zwei Aspekte seines Referates seien allerdings unterstrichen: Zum einen stellt er Hegels eigentliches Thema korrekt dar und fasst es mit folgenden Worten zusammen (ebd.): „Den grössten Theil dieser Abhandlung bildet die Polemik gegen die Vermischung rein mathematischer Betrachtungen mit der physikalischen". Mittlerweile wurde nicht nur die Ceres entdeckt, sondern noch zahlreiche weitere Kleinstplaneten.[80] Ganz richtig weist Erdmann daher darauf hin, Hegel habe gesagt, es sei unmöglich zu konstruieren, dass sich *ein einziger* Planet alleine zwischen Mars und Jupiter befinde. Erdmann verweist die Gegner Hegels auf die nunmehrige Tatsache, „dass sich wirklich nicht einer da findet" (ebd.). Auch die hypothetische Satzkonstruktion Hegels deute an, so Erdmann, dass Hegel lediglich eine weitere mathematische Möglichkeit ins Spiel gebracht habe.

Eine ähnliche Rechtfertigung findet sich bei einem weiteren Hörer Hegels in Berlin, bei David Friedrich Strauß (1808–1874). In einem Kurzaufsatz aus dem Jahr 1854 mit dem Titel *Die Asteroiden und die Philosophen* geht Strauß auf die stereotype Anschuldigung ein, die immer wieder gegen Hegel angeführt wird (*Gesammelte Schriften.* Bonn 1854, Bd. II, 333–336). Als Strauß seinen Text verfasste, konnte er sagen, dass die „Anzahl der Duodez-Planeten jetzt bereits die Zahl der deutschen Bundesstaaten überschritten hat" (ebd. 333). Diese vielen kleinen Körper seien „keineswegs das, was sie [die Astronomen] erwartet hatten" (ebd. 335).

[80] Der Vorgang bei Cunningham 2016a, 19–23.

8. *Zu den zwölf Thesen und zur Disputation (27. Aug. 1801)*

Dem offiziellen Habilitationsverfahren entsprechend gehören zwei weitere Texte zu Hegels Planetenschrift. Einmal handelt es sich um die vorabgedruckten Thesen, die er am 27. August zu verteidigen hatte, und zum anderen um Notizen Hegels. Diese sind wohl kurz vor der Disputation niedergeschrieben worden. Hegels Thesen liegen aufgrund der oben mitgeteilten Umstände als Separat- bzw. Vorabdruck vor, um die Vorgabe der Fakultät zu erfüllen und wenigstens schon über die Thesen disputieren zu können (Jaeschke 2016, 98).

Die Disputation über zwölf Thesen fand laut den Angaben auf dem Titelblatt und den Akten der Fakultät dann tatsächlich am 27. August 1801 statt, wie der Dekan Voigt der Fakultät in einem Schreiben vom 21. August ankündigte.[81] Weil die Statuen der Fakultät zwingend vorschrieben, dass die Thesen in gedruckter Form am Sonntag vor der Disputation nach dem Gottesdienst verteilt werden müssen (GW 5: 616f.), wird die Drucklegung zwischen dem 18. und dem 22. August 1801 erfolgt sein. Festzuhalten ist, dass gemäß dem Titel auf dem Thesenblatt das Thema der Habilitationsschrift über die Planetenbahnen bereits zu diesem Anlass bekannt gegeben wurde. Erhaltene Notizen auf einem überlieferten Thesendruck von Schellings Hand weisen aus (GW 5: 612) – vorbehaltlich, dass Schelling sie während der Disputation notiert hat –, dass Hegel zum Zeitpunkt der Disputation schon inhaltliche Details nannte; sie tragen allerdings kaum etwas zur Erhellung philosophischer Aspekte bei, da es sich nur um sehr kurze Stichpunkte handelt. Das Titelblatt nennt Karl Schelling als Respondenten oder Antwortenden. Laut Fakultäts-

[81] Oben wurde bereits darauf hingewiesen, dass Voigt Hegel gleichfalls auf die Entdeckung der Ceres hätte hinweisen können. Er selbst gab ein Lehrbuch zu einem Sternenatlas heraus, an dem Zach mitgearbeitet hatte: *Lehrbuch einer populären Sternenkunde* (Weimar 1799). Dieses Lehrbuch ergänzt Golbachs *Neuesten Himmels-Atlas*, „revidiert auf der Sternwarte Seeberg bey Gotha“, mit „einer Einleitung begleitet von Herrn Oberwachtmeister von Zach“ (Weimar 1799).

akten waren als Opponenten oder Streitgegner Schelling selbst, Friedrich Immanuel Niethammer und ein Student namens Thomas Schwarzott vertreten: „Den 27 August disputirt Herr D. Hegel über Theses. Seine nach einem Anschlag am schwarzen Bre[t]t zu haltende Dissertation soll handeln de orbitis Planetarum. Respondens war Herr Schelling aus dem Wirtembergischen opponentes Herr Prof. Niethammer, Herr Prof. Schelling und Herr Schwarzott“ (Kimmerle 1967a: a. a. O. / B IV,1: 79).

Die biographischen Skizzen der Beteiligten sind Kimmerles Ausführungen entnommen (1967a: 94–97) und ergänzt:

Niethammer, Friedrich Immanuel: Ev. Theol., Philos. u. Verwaltungsbeamter. 1766–1848: Tübinger Stiftler, 1792 Priv.doz. d. Philos. in Jena, 1793 Prof. d. Philos., 1803 Prof. d. Theol. in Würzburg, 1806 Landesdirektionsrat für das Schul- und Kirchenwesen in München, 1808 Zentralschul- und Oberkirchenrat. – Opponent bei Hegels Disputation zur Erlangung der *venia legendi*. Bei ihm war Hegel in Jena öfter zu Gast. Ging noch zu Hegels Zeit von Jena weg. – Schon vor Hegels Ankunft in Jena für die geistige Situation sehr bestimmend. Seit 1806 enger Freund und Förderer Hegels.

Schelling, Karl Eberhard: Philos. u. Mediz. 1783–1855: 1805 prakt. Arzt in Stuttgart, später Amtsarzt und Medizinalrat, schlug mehrere Rufe an Universitäten aus. Bruder des Philosophen Fr. W. J. Schelling. – Respondent bei Hegels Disputation zur Erlangung der *venia legendi*. Hörer Hegels 1801/02. Matr.: *4. 11. 1799. Carolus Schelling Wirtemb.* – Mit Hegel längere Zeit hindurch freundschaftlich verbunden.

Schwarzott, Thomas: Jenaer Student. – Opponent bei Hegels Disputation zur Erlangung der *venia legendi*. War ebenfalls bei der Disputation von F. Schlegel am 14. 3. 1801 als Opponent anwesend. Matr.: *20. 10. 1800. Thom. Schwarzott, Bambergens.*

Laut einer Mitteilung von Karl Rosenkranz (1844, 156) habe ihm noch ein Zettel mit „Randglossen“ (GW 5: 618) zu Hegels Disputationsthesen vorgelegen. Inwiefern diese Randglossen in die Wiedergabe und Besprechung der Thesen bei Rosenkranz (1844, 151 f.) eingeflossen sind, lässt sich nicht mehr eindeutig nachvollziehen.[82]

Der zweite Text (S. 8–13) steht in Beziehung zur eigentlichen *Disputation.* Es handelt sich um eine lateinische Vorskizze zum formellen Teil der Verteidigung der Thesen, die sich Hegel wohl zuvor als eine Art ‚Spickzettel‘ angefertigt hatte. Das erhaltene Manuskript Hegels ist ein Doppeltblatt im Oktavformat. Es kam nach dem Krieg von der *Staatsbibliothek Berlin* nach Polen, in die *Biblioteka Jagiellónska Krakow.* Die Erstveröffentlichung erfolgte durch Johannes Hoffmeister: *Dokumente zu Hegels Entwicklung.* Stuttgart 1936, 312–314.

Hegel scheint sich diese Notizen unmittelbar vor der Disputation angelegt zu haben. So jedenfalls könnte man den Brief an Mehmel vom 26. August 1801 deuten: „Ich disputire morgen und habe damit noch mancherlei zu tun […]“ (B I: 64).[83] Der Text enthält Redewendungen und Anreden, wie sie das sogenannte Modell-Buch der Universität Jena für die Disputationen vorsah.[84]

82 Die Thesen Hegels wurden zudem abgedruckt in der *Neuen allgemeinen Deutschen Bibliothek. Des LXIII. Bandes Zweytes Stück. Fünftes bis Achtes Heft.* Berlin/Stettin 1801, *Intelligenzblatt*, 464 und etwas später in der bereits zitierten Schrift von Paulus (1835: 26 f.). Weiter findet sich ein Verweis auf den Vorgang im *Intelligenzblatt* der *Allg. Lit.-Zeitung* (B IV,1: 80).

83 Dass Mehmel vielleicht Hegels Dissertation erhalten hat, darauf deutet vage ein Brief Jean Pauls vom 9. Juli 1804, in dem er die Ceres als „Zeres“ erwähnt und sich an ein Treffen erinnert, anlässlich dessen astronomische Gegenstände verhandelt wurden. Vgl. *Jean Pauls Sämtliche Werke, Historisch-kritische Ausgabe.* 3. Abt., *Briefe: 1800–1804.* Bd. 4. Hg. v. E. Berend. Berlin 1960, *Briefnr. 474*, 299, *Kommentar*, 424–425 und zur Person Mehmels vgl. die entsprechenden Kommentare in B I: 444 f. und 446 f.

84 Vgl. Kimmerle 1967a, 43 f. und GW 5: 620 f.

SCHRIFTENVERZEICHNIS

GW	Georg Wilhelm Friedrich Hegel: *Gesammelte Werke.* In Verbindung mit der Deutschen Forschungsgemeinschaft herausgegeben von der Rheinisch-Westfälischen Akademie der Wissenschaften. Hamburg 1968 ff.
TWA	Georg Wilhelm Friedrich Hegel: *Werke in zwanzig Bänden.* Auf der Grundlage der Werke von 1832–1845 neu edierte Ausgabe. Redaktion Eva Moldenhauer und Karl Markus Michel. Frankfurt a. M. 1970 ff. u. ö.
B	*Briefe von und an Hegel.* Bde. I–IV,1–2. Herausgegeben von Johannes Hoffmeister und Rolf Flechsig bzw. Friedhelm Nicolin. Hamburg 1960–1981.
HBZ	*Hegel in Berichten seiner Zeitgenossen.* Herausgegeben von Friedhelm Nicolin. Hamburg 1970.
AA	Friedrich Wilhelm Joseph Schelling: *Historisch kritische Ausgabe.* Im Auftrag der Schelling-Kommission der Bayerischen Akademie der Wissenschaften herausgegeben von Hans Michael Baumgartner, Wilhelm G. Jacobs, Hermann Krings und Hermann Zeltner. Stuttgart 1976 ff.
Akad.-Ausg.	Immanuel Kant: *Gesammelte Schriften.* Herausgegeben von der Königlich Preußischen [Deutschen] Akademie der Wissenschaften. Berlin 1900 ff.
Briefw.	Johann Gottlieb Fichte: *Briefwechsel.* 2 Bde. Hg. v. H. Schulz. Dresden 1925.
Nachg. Schr.	Johann Gottlieb Fichte: *Nachgelassene Schriften,* Bd. 2 [alles Erschienene]. Hg. v. H. Jacob. Berlin 1937.
Plitt	Gustav Leopold Plitt: *Aus Schellings Leben. In Briefen.* Bde. I/II/III. Leipzig 1869–1870.
StA	Friedrich Hölderlin: *Sämtliche Werke.* Große Stuttgarter Ausgabe. Hg. v. Friedrich Beißner. Stuttgart 1943–1985.

SW	Friedrich Wilhelm Joseph Schelling: *Sämmtliche Werke.* Hg. v. Karl Friedrich August Schelling. Stuttgart/Augsburg, 1856–1861.
Werke	Immanuel Kant: *Werke.* 10 Bände. Hg. v. Ernst Cassirer et al. Berlin (1912/22).
Werke III	Johann Gottlieb Fichte: *Sämmtliche Werke.* Bd. III. Hg. v. I. H. Fichte. Berlin 1845.

Weitere lateinische Ausgaben sowie deutsche, französische und englische Übersetzungen

Glockner, Hermann: G. W. F. Hegel. *Sämtliche Werke. Jubiläumsausgabe.* Bd. 1. Aufsätze aus dem kritischen Journal und andere Schriften aus der Jenaer Zeit. Stuttgart/Bad Cannstatt 1965 (4. Aufl.), 1–29.

Lasson, Georg: *G. W. F. Hegel. Erste Druckschriften.* Sämtliche Werke. Band I. Leipzig 1928, 347–405.

Neuser, Wolfgang: *Georg Wilhelm Friedrich Hegel. Dissertatio Philosophica de Orbitis Planetarum/Philosophsche Erörterung der Planetenbahnen* (Schriften zur Naturphilosophie 2. *Acta humaniora*). Weinheim 1986.

De Gandt, François: *G. W. F. Hegel. Les Orbites des planètes* (dissertation de 1801). Traduction et notes par François de Gandt, avec une introduction sur la critique de la mécanique chez Hegel. Préface de Dominique Dubarle. Paris 1979.

Adler, Pierre: *Hegel's dissertation* (transl.). In: *Graduate Faculty Philosophy Journal* 12 (1987), 269–309.

Ferrini, Cinzia: *Guida al ‚De orbitis planetarum' di Hegel ed alle sue edizioni e traduzioni: la pars destruens: confutazione dei fondamenti della meccanica celeste di Newton e dei suoi presupposti filosofici* (Berner Reihe Philosophisher Studien 18). Bern/Stuttgart 1995 [Faksimile und ausführlicher Kommentar].

Mehrfach genannte Quellen und Literatur

Bach, Thomas u. Olaf Breidbach (Hg.): *Naturphilosophie nach Schelling* (Schellingiana 17). Stuttgart/Bad Cannstatt 2005.

Brosche, Peter: *Astronomie der Goethezeit. Textsammlung aus Zeitschriften und Briefen Franz Xaver von Zachs* (Ostwalds Klassiker der exakten Wissenschaften 280). 2., erw. Aufl. Frankfurt a. M. 1998.

– *Der Astronom der Herzogin. Leben und Werk von Franz Xaver von Zach (1754–1832).* 2., verb. u. erw. Aufl. (*Acta historica astronomiae* 12). Frankfurt a. M. 2009.

– *Zach-Spätlese* (*Acta historica astronomiae* 45). Frankfurt a. M. 2014.

Cunningham, Clifford J.: *Early Investigation of Ceres and the Discovery of Pallas. Second edition. Historical Studies in Asteroid Research.* Heidelberg etc. 2016 (2016a).

– *Discovery of the first Asteroid Ceres. Historical Studies in Asteroid Research.* Heidelberg etc. 2016 (2016b).

– *Bode's Law and the Discovery of Juno. Historical Studies in Asteroid Research.* Heidelberg etc. 2017 (2017a).

– *Studies of Pallas in the Early Nineteenth Century. Second Edition. Historical Studies in Asteroid Research.* Heidelberg etc. 2017 (2017b).

Dougherty, Frank William Peter (Hg.): *The Correspondence of Johann Friedrich Blumenbach. Volume VI: 1801–1805. Letters 1360–1787.* Revised, augmented and edited by Norbert Klatt (Brosamen zur Blumenbach-Forschung 7). Göttingen 2015.

Hegel, G. W. F.: *Encyklopädie der philosophischen Wissenschaften im Grundrisse.* Heidelberg. 1817.

– *Berliner Schriften 1818–1831.* Hg. v. J. Hoffmeister. Hamburg 1958.

Jaeschke, Walter: *Hegel-Handbuch. Leben – Werk – Wirkung.* 3. Aufl. Stuttgart. 2016.

Kimmerle, Heinz: „Dokumente zu Hegel Jenaer Dozententätigkeit (1801–1807)“. In: *Hegel-Studien* 4, 21–99 1967 (1967a).

– „Zur Chronologie von Hegels Jenaer Schriften“. In: *Hegel-Studien* 4 (1967), 125–176 (1967b).

Maimon, Salomon: „Ueber die Weltseele. (*Entelechia universi.*)“. In: *Berlinisches Journal für Aufklärung* 8 (1790), 47–92.

Petry, Michael John (Hg.): *Hegel und die Naturwissenschaften* (Spekulation und Erfahrung II,2). Stuttgart/Bad Cannstatt 1987.

– *Hegel's Philosophy of Nature.* Vol. I–III. London/New York 1970.

– (Hg.): *Hegel and Newtonianism* (International Archives of the History of Ideas 136). Dordrecht 1993.

Peters, C. A. F.: *Briefwechsel zwischen C. F. Gauss und H. C. Schumacher.* Dritter Band. Altona 1861.

Rosenkranz, Karl: *Schelling. Vorlesung, gehalten im Winter 1842 an der Universität Königsberg.* Danzig 1843.

– *Georg Wilhelm Friedrich Hegel's Leben.* Berlin 1844.

– *Hegel's Naturphilosophie und die Bearbeitung derselben durch den italienischen Philosophen A. Véra.* Berlin 1868.

– *Hegel als Deutscher Nationalphilosoph.* Leipzig 1870.

Schelling, F. W. J.: *Zeitschrift für Spekulative Physik.* 2 Bände in je 2 Heften. Jena 1800–1801.

– „Fernere Darstellung aus dem System der Philosophie" (1. Teil). In: *Neue Zeitschrift für speculative Physik.* Hg. v. F. W. J. Schelling. Ersten Bandes, erstes Stück. Tübingen 1802, 1–160.

Vieweg, Klaus: *Hegel. Der Philosoph der Freiheit. Biographie.* München 2019.

Waitz, Georg: *Caroline. Briefe aus der Frühromantik.* 2 Bde. Vermehrt hg. v. Erich Schmid. Leipzig 1913.

GEORG WILHELM FRIEDRICH HEGEL

TEXTE ZUR HABILITATION
(1801)

DISSERTATIONI PHILOSOPHICAE

DE

ORBITIS PLANETARVM

PRAEMISSAE THESES,

QVAS

RECTORE ACADEMIAE MAGNIFICENTISSIMO

SERENISSIMO PRINCIPE AC DOMINO

DOMINO

CAROLO AVGVSTO

DVCE SAXONIAE IVLIACI CLIVIAE MONTIVM

ANGARIAE ET GVESTPHALIAE REL.

CONSENTIENTE

AMPLISSIMO PHILOSOPHORVM ORDINE

PRO LICENTIA DOCENDI

RITE OBTINENDA

PVBLICE DEFENDET

DIE XXVII. AVG. A. cIↄIↄcccI.

GE. WILH. FRID. HEGEL

PHILOSOPHIAE DOCTOR

SOCIO ASSVMTO

CAROLO SCHELLING

WIRTEMB.

IENAE

TYPIS PRAGERI ET SOC.

THESES.

I.

Contradictio est regula veri, non contradictio, falsi.

II.

Syllogismus est principium Idealismi.

III.

Quadratum est lex naturae, triangulum, mentis.

IV.

In Arithmetica vera nec additioni nisi unitatis ad dyadem, nec subtractioni nisi dyadis à triade, neque triadi ut summae, neque unitati ut differentiae est locus.

V.

Ut magnes est vectis naturalis, ita gravitatio planetarum in solem, pendulum naturale.

VI.

Idea est synthesis infiniti et finiti, et philosophia omnis est in ideis.

VII.

Philosophia critica caret Ideis, et imperfecta est Scepticismi forma.

VIII.

Materia postulati rationis, quod philosophia critica exhibet, eam ipsam philosophiam destruit, et principium est Spinozismi.

THESEN [ANNAHMEN]

I.

Der Widerspruch ist die Regel für das Wahre, der Nichtwiderspruch für das Falsche.

II.

Der [Vernunft-]Schluss [Syllogismus] ist das Prinzip des Idealismus.

III.

Das Quadrat ist das Gesetz der Natur, das Dreieck das des Geistes.

IV.

In der wahren Arithmetik gibt es keine andere Addition als die der Einheit zur Zweiheit, keine Subtraktion als der Zweiheit von der Dreiheit; die Dreiheit ist nicht als Summe, die Einheit nicht als Differenz anzusehen.

V.

Wie der Magnet der natürliche Hebel, so ist die Gravitation der Planeten zur Sonne das Pendel der Natur.

VI.

Die Idee ist Einheit des Unendlichen und des Endlichen, und die ganze Philosophie lebt in den Ideen.

VII.

Die kritische Philosophie ermangelt der Ideen und ist eine unvollkommene Form des Skeptizismus.

VIII.

Die Materie des Vernunftpostulates, das die kritische Philosophie aufstellt, zerstört eben diese Philosophie und ist das Prinzip des Spinozismus.

IX.

Status naturae non est injustus, et eam ob causam ex illo exeundum.

X.

Principium scientiae moralis est reverentia fato habenda. |

XI.

Virtus innocentiam tum agendi tum patiendi excludit.

XII.

Moralitas omnibus numeris absoluta virtuti repugnat. |

IX.

Der Naturzustand ist nicht ungerecht, und gerade deshalb muss man aus ihm herausgehen.

X.

Das Prinzip der Wissenschaft vom Sittlichen [Moralwissenschaft] ist die Ehrfurcht vor dem Schicksal.

XI.

Die Tugend schließt die Unschuld sowohl des Tuns wie des Leidens aus.

XII.

Die vollkommene Sittlichkeit steht im Gegensatze gegen die Tugend.

ZUR DISPUTATION

I
ad Respondentem

In publico hoc certamine, quod ineundum mihi est, tu, clarissime ac doctissime Domine Schelling, tu socius esse voluisti, quo tum ob auxilium ipsum, quo ad te adjuvor, tum ob insigne amicitiæ specimen, nihil gratius esse potest; ingenium itaque doctrinam et scientiam quibus te pollere tum naturæ liberalitas dedit, tum amor assiduus studiorum elaboravit, provoco, ut causæ, quam tuam esse voluisti strenue opituleris.

Et accipio quidem jucunde verba data, huicque auxilio confidens ad Te clarissime ac doctissime Domine Schwarzott, cum amice munus opponentis in te susceperis, me converto rogans, ut quæ in thesibus nostris reprehendis, publice moveas; ingenium, doctrina, perspecta aliis temporibus in certaminibus eruditis dexteritas præstant te adversarium, quocum pugnare laus sit.

II. Clarissime Domine Schwarzott

Gratias tibi de munere tum digne et docte tum amice et generose peracto maximas habeo et ago et amicitiam quidem meam spondeo, tuam continuari expeto.

ZUR DISPUTATION

I
An den Antwortenden

In dieser öffentlichen Disputation, die ich beginnen muss, wolltest Du, verehrungswürdigster und gelehrtester Herr Schelling, mein Gefährte sein. Niemand kann mir willkommener sein, sowohl wegen der Hilfe selbst, durch die ich durch Dich unterstützt werde, als auch wegen des ausgezeichneten Kennzeichens Deiner Freundschaft. Die Großzügigkeit der Natur gab Dir sowohl die Begabung und demnach auch die Gelehrsamkeit und das Wissen, dadurch etwas erreichen zu können, als auch Deine fortwährende Liebe zu den Studien sich eifrig bemühte. Ich rufe frei heraus, dass Du der Sache, die – wie Du wolltest – die Deine sei, fleißig Abhilfe schaffst.

Und ich empfange freilich die liebenswürdig geäußerten Worte und wende mich im Vertrauen auf diese Hilfe an Dich, berühmtester und gelehrtester Herr Schwarzott, weil Du, freundlich gesinnt, die Aufgabe des Streitgegners [in der Disputation] auf Dich genommen hast, mit der Bitte, dass Du das, was Du in unseren Thesen kritisierst, öffentlich antreibst. Deine Begabung, Deine Gelehrsamkeit, Deine Gewandtheit im Benehmen, die bereits zu anderen Zeiten und in anderen gelehrten Disputationen deutlich gesehen worden ist, zeichnen Dich als Gegner aus, mit dem zu kämpfen eine Ehre ist.

II. Verehrtester Herr Schwarzott

Ich statte Dir höchsten Dank ab und drücke ihn aus für das Amt, das Du so würdig und gelehrt und dann auch freundschaftlich und großzügig ausgeführt hast. Und ich gelobe Dir natürlich meine Freundschaft und strebe danach, dass die Deine ununterbrochen fortgeführt wird.

Et nunc est, ut te, Vir præclarissime et amicissime Domine Prof. Schelling, rogem, ut quæ in thesibus nostris tibi non probantur, publice corrigas quocum ita disputamus ut ex te discamus; quam jucundum mihi sit, te mihi surgentem videre, non est quod pluribus dicam; de ingenii tui vi, et de animi virtute, ut sine invidia multorum, ita digne loqui, parum coævorum, minus amici, solius est posteritatis, ad quam tuum nomen et doctrina quoniam id quod æternum est, exprimit pertinet; liceat mihi quod sentio, profiteri, me, te ut virum vere philosophum amare et venerari. |

Non meum solum animum, sed et omnium auditorum exprimere mihi vidcor, si tibi, præclarissime Domine Prof. Schelling, de voluptate, quam percepimus te de philosophia disserentem audientes, justas et quidem maximas refero grates;

Denique ad te accedo, vir Venerande et Doctissime Domine Niethammer et abs te peto, ut quæ in [thesibus] nostris tibi displicent, nobiscum [disseras et] auxiliis multis hoc amicitiæ tuæ specimen in hoc publico colloquio sumtæ opponentis partis, addas, non potest non mihi esse gratissimum, ut per doctrinam et ingenium quibus polles, strenuum, ita per animi candorem et integritatem æquum te video adversarium.

Accipe grates quas tibi debeo maximas, venerande ac Doctissime Domine Niethammer de amicitia in me collatà, qua ut et in posterum me digneris enixe rogo.

Et his rite peractis præ ceteris tibi, Magnifice Illustrissimæ hujus Academiæ Domine Prorector, tibique spectabilis amplis-

Aber nun ist es an der Zeit, dass ich Dich, verehrungswürdigster Mann und geneigtester Herr Professor Schelling bitte, dass Du jenes, was in unseren Thesen von Dir nicht gebilligt wird, öffentlich berichtigst, mit dem wir so disputieren, dass wir von Dir lernen. Es gibt keinen Grund, dass ich noch mehr sage, wie angenehm es mir ist, Dich zu sehen, wie du Dich mir zeigst. Hinsichtlich der Kraft Deiner Begabung und der Tugendhaftigkeit Deines Geistes ist dargelegt, dass Du so würdig sprichst wie ohne den Neid vieler, und es ist wenig ein Zeichen der Gleichaltrigen, weniger das eines Freundes, [sondern] einzig das der Nachkommenschaft, auf die sich Dein Name und die Gelehrsamkeit bezieht, weil es ja das ist, was ewig ist. Es möge mir erlaubt sein, das, was ich fühle, zu bekennen: Dass ich Dich, wie einen wahrhaft philosophischen Mann, liebe und verehre.

Ich scheine nicht nur meine Geisteshaltung, sondern die aller Zuhörer auszudrücken, wenn ich Dir, verehrtester Herr Professor Schelling, über die Lust, die wir empfangen haben, als wir hörten, wie Du über die Philosophie erörtertest, gerechtfertigten und natürlich höchsten Dank ausspreche.

Sodann wende ich mich an Dich, verehrungswürdiger Mann und gelehrtester Herr Niethammer, und erbitte von Dir, dass Du das, was Dir in unseren Thesen missfällt, mit uns erörterst, unter vielen Hilfen – dieses Kennzeichen Deiner Freundschaft – in diesem öffentlichen Gespräch hinzufügst, in dem du die Rolle des Streitgegners einnimmst. Es kann mir nur äußerst willkommen sein, dass ich Dich, dank deiner Gelehrsamkeit und Deines Talents, durch die Du Dich auszeichnest, als fleißigen Gegner betrachte, nämlich auf Grund der Klarheit Deines Geistes und Deiner gelassenen Anständigkeit.

Nimm den Dank entgegen, den ich Dir schulde, verehrungswürdiger und gelehrtester Herr Niethammer: Für die mir entgegengebrachte Freundschaft, um die ich inständig bitte, dass Du mich ihrer auch in Zukunft würdigst.

Und nachdem ich dies zufriedenstellend vollbracht habe, spreche ich auch vor den übrigen: Dir, großartiger und hochberühmter Herr Prorektor dieser Akademie [Ulrich], und Dir simi philosophorum ordinis Decane, gratias quas possum maximas habeo agoque quo præsentia vestra actum hunc solennem facere, Vobisque fausta quævis ex animo precans, etiam atque etiam re mihi commendo.

Amplissimo autem philosophorum ordini gratum animum ut par est, testor, de facultate legendi benigne mihi concessa, meque almo ejus patrocinio atque benevolentiæ etiam atque etiam commendo.

Grata porro recordor mente Clementissimos hujus Universitatis nutritores, Duces ac Dominos Saxoniæ serenissimos; facit supremum numen, ut prisca illa gloria, liberi scientiarum patrocinii plurimos per annos frui ipsis contingat. |

Iterum me ad te converto, Doctissime et amicissime Domine Schelling, qui constantem et gravem amici defensorem te præbueris; hanc Musarum sedem proxime relicturus reportes velim in patriam et quo te Fata et ingenium ducent, amicitiæ meæ certitatem et memoriam.

Denique vobis auditoribus omnium ordinum spectatissim is, quod consessum hunc eruditum præsentia sua ornare voluerunt, gratias refero maximas, meque in illustris hujus Academiæ societatem receptum amicitiæ vestræ me commendo.

Dekan der angesehenen und sehr erhabenen Fakultät der Philosophen [Voigt], [spreche ich] möglichst großen Dank aus und bedanke mich dafür, dass Du, allenthalben durch Deine Gegenwart, die Verhandlung feierlich gestaltest, indem ich von Herzen für Euch alles Glückverheißende erbitte; und ich traue mir diese Sache immer noch einmal wieder zu.

Der sehr erhabenen Fakultät der Philosophen bezeuge ich meine dankbare Gesinnung, wie es angemessen ist, wegen der Gelegenheit vorzutragen, die mir gütig zugestanden worden ist, ich empfehle mich immer noch einmal ihrem gütigen Schutz und ihrem Wohlwollen.

Weiter gedenke ich dankbaren Sinnes der sehr gütigen Ernährer dieser Universität, der Herzöge und der durchlauchtigsten Herrscher Sachsens. Der höchste göttliche Wille bewirkt, dass ihnen selbst zuteilwird, jenen altehrwürdigen Ruhm für die uneingeschränkte Schutzherrschaft über die Wissenschaften sehr viele Jahre lang zu genießen.

Wiederum wende ich mich an Dich, gelehrtester und geneigtester Herr Schelling, der Du Dich als beständiger und ernsthafter Verteidiger des Freundes erwiesen hast. Da Du im Begriff bist, diesen Musensitz zu verlassen, mögest Du in die Heimat und wohin Dich das Schicksal und Dein Talent führen, die Sicherheit und Erinnerung an meine Freundschaft zurücktragen.

Sodann sage ich Euch Dank, vortrefflichsten Hörern aller Fakultäten, weil sie diese gelehrte Zusammenkunft mit ihrer Gegenwart schmücken wollten, und empfehle mich, den Ihr in Eure Gemeinschaft dieser berühmten Akademie aufgenommen habt, Eurer Freundschaft.

DISSERTATIO PHILOSOPHICA

DE

ORBITIS PLANETARVM

QVAM

RECTORE ACADEMIAE MAGNIFICENTISSIMO

SERENISSIMO PRINCIPE AC DOMINO

DOMINO

CAROLO AVGVSTO

DVCE SAXONIAE IVLIACI CLIVIAE MONTIVM

ANGARIAE ET GVESTPHALIAE REL.

CONSENTIENTE

AMPLISSIMO PHILOSOPHORVM ORDINE

PRO LICENTIA DOCENDI

RITE OBTINENDA

PVBLICO EXAMINI

SVBMITTIT

GE. WILH. FRID. HEGEL

PHILOSOPHIAE DOCTOR.

IENAE

TYPIS PRAGERI ET SOC.

cIↃIↃCCCI.

16

DISSERTATIO PHILOSOPHICA DE ORBITIS PLANETARUM

Quum praeter corpora coelestia, omnia alia quae natura gignit, quamvis in suo genere perfecta speciem Universi exprimant, in prima naturae vi, quae est gravitas, sibi non sufficiant, et vi totius oppressa pereant, corpora autem coelestia glebae non adscripta et centrum gravitatis perfectius in se gerentia, Deorum more per levem aëra incedant: animali illo, quod systema solis appellamus, non alia est sublimior puriorque rationis expressio, neque quae philosophica contemplatione dignior sit. Et laus illa, quae a Cicerone Socrati tribuitur, quod philosophiam de coelo detraxerit, et in vitam domosque hominum introduxerit, vel parvi habenda, vel ita interpretanda erit, ut philosophiam de vita et domibus hominum bene mereri non posse dicamus, nisi a coelo descendat, omnemque operam in eo ponendam esse, ut in coelum evehatur.

Tali tantaeque rei tractandae dissertationis angustia parum commoda, elementa ejus tantum tradere permittit, in quibus ponendis ita versabor, ut primarias eas notiones discutiam, a quibus scientiae astronomicae physica pars vulgo pendere solet, deinde quid vera philosophia de compage system atis solaris quantum ad orbitas planetarum praecipue pertinet, statuat, exponam, denique quid vel in quantitatum determinandis rationibus mathema-

PHILOSOPHISCHE DISSERTATION ÜBER DIE PLANETENBAHNEN

Mit Ausnahme der Himmelskörper beruht kein Körper, den die Natur hervorbringt, in Beziehung auf die erste Naturkraft, die Schwere,[1] in sich selbst; mag er sonst vollkommen in seiner Art * das Bild des Universums zum Ausdruck bringen, er muss, durch die Gewalt des Ganzen erdrückt, vergehen. Die Himmelskörper dagegen sind nicht an die Scholle gebunden[2] und tragen ihren * Schwerpunkt vollkommener in sich selbst; sie wandeln durch den lichten Äther einher, in der Weise der Götter. So gibt es keinen erhabeneren und reineren Ausdruck der Vernunft, keinen, der philosophischer Betrachtung würdiger wäre als jenes Lebewesen, das wir das Sonnensystem nennen. Und jenes Lob, das Cicero dem Sokrates deswegen gespendet hat, weil er die Philosophie vom Himmel herniedergeholt und in das Leben und die Wohnungen der Menschen eingeführt habe[3], ist entweder * sehr niedrig einzuschätzen oder dahingehend zu verstehen, dass man sagt: die Philosophie könne sich um Leben und Wohnen der Menschen keinerlei Verdienst erwerben, wenn sie nicht vom Himmel herniedersteige, und sie müsse deshalb alle Anstrengung daransetzen, dass sie sich zum Himmel erhebe [wegtrage].

Für die Behandlung eines derartigen hochbedeutenden Gegenstandes ist der knappe Raum einer Dissertation nicht sehr geeignet und erlaubt nicht mehr, als die ersten Elemente der Sache vorzutragen. Ich werde sie in der Weise darzulegen versuchen, dass ich an erster Stelle die Begriffe erörtere, auf die gemeinhin die Astronomie nach ihrer physikalischen Seite sich zu stützen pflegt [I.], dass ich *dann* entwickle, was die Philosophie, die im wahren Sinne so heißen darf, über den Zusammenhalt des Sonnensystems hauptsächlich mit Bezug auf die Planetenbahnen feststellt [II.], und *schließlich* aufzeige, welcher Wert der Philosophie zukomme, wo es gilt, die mathematischen Verhältnisse ticis philosophia valeat, praeclaro ex antiqua philosophia petito exemplo demonstrem.

Qui ad hanc Physices partem accedit, eam coeli potius mechanicam, quam physicam esse, legesque quas scientia astronomica exhibet, ab alia scientia, a Mathematica potius originem ducere, quam ex ipsa natura vere petitas, seu a ratione constructas esse, facile videt. Postquam enim maximi nostri Kepleri felix ingenium leges, quibus planetae in orbibus suis gyrantur, invenerat, easdem Newton non physicis sed geometricis rationibus demonstravisse et nihilominus Astronomiam Physicae dedisse perhibetur, vim gravitatis, quam eandem cum vi centripeta sive attractiva esse vult, neutiquam in hanc physices partem introducens, omnes enim ante eum physici rationem planetarum ad solem, veram rationem i. e. vim realem ac | physicam esse statuerunt, sed quantitatem vis gravitatis, quam experientia in corporibus terrae nostrae partem facientibus monstrat, cum quantitate motuum coelestium comparans, et ceterum omnia rationibus mathematicis, geometria et calculo efficiens. De qua cum Mathesi Physices conjunctione praecipue monendum est, ut caveamus, ne rationes pure mathematicas cum rationibus physicis confundamus, lineas, quibus geometria ad construendas theorematum demonstrationes utitur, te mere vires aut virium directiones putantes. Totum quidem mathematicum non mere ideale aut formale sed simul reale et physicum esse censendum est; rationes enim quantitatum, quas Mathesis exhibet, eam ipsam ob causam, quod rationes sunt, der Größen zu bestimmen, wobei ich mich an ein berühmtes Beispiel aus der antiken Philosophie halten werde [III.]. |

[I.]

Wenn man sich zu diesem Teil der Physik wendet, so erkennt man leicht, dass es sich hier mehr um Mechanik des Himmels als um Physik handelt und dass die Gesetze der Astronomie mehr von einer anderen Wissenschaft, nämlich der Mathematik, herstammen, als dass sie wirklich aus der Natur selbst hergenommen oder von der Vernunft aufgestellt wären. Nachdem nämlich unser genialer Landsmann Kepler mit begnadetem Sinne die Gesetze aufgefunden hatte, nach denen die Planeten in ihren Bahnen kreisen, ist Newton aufgetreten, dem man nachrühmt, dass er jene Gesetze nicht mit physischen, sondern mit geometrischen Gründen bewiesen und doch nichtsdestoweniger die Astronomie der Physik einverleibt habe. Dabei hat er die Schwerkraft, die er für identisch mit der Zentripetal- oder Anziehungskraft nimmt, keineswegs in diesen Teil der Physik eingeführt (alle Physiker nämlich vor ihm haben das Verhältnis der Planeten zur Sonne als wahres, d. h. als wirkliches und physisches Verhältnis erklärt), sondern die zahlenmäßig bestimmte Größe der Schwerkraft, wie sie durch die Erfahrung an den Körpern gezeigt wird, die einen Bestandteil unserer Erde ausmachen, mit der zahlenmäßig bestimmten Größe der Bewegungen am Himmel verglichen und im Übrigen alles nach mathematischen Berechnungen mit Geometrie und Arithmetik ausgeführt. Im Blick auf diese Verbindung der Physik mit der Mathematik ist zu betonen, dass man sich hüten muss, rein mathematische Gesichtspunkte mit physikalischen zu verwechseln und die Linien, deren sich die Geometrie als Hilfslinien für die Konstruktion der Beweise ihrer Sätze bedient, vorschnell für Kräfte oder Kraftrichtungen zu halten. Das Mathematische als Ganzes zwar ist nicht als ein rein Ideelles oder Formelles zu beurteilen, sondern ist ein Reales und Physisches; denn die Größenverhältnisse, die von der Mathematik nachgewiesen werden, sind ebendeshalb, weil es Verhältnisse der Vernunft sind, in der Natur vorhanden naturae insunt, et si intelligantur, naturae leges. Verum ab ipsa totius ratione sejungendae sunt ejusdem analysis atque explicatio, quae a perfectione naturae recedit, quoniam, matheseos parte geometrica a tempore, arithmetica autem a spatio abstrahaente, illa totum geometricum solius spatii, hac totum arithmeticum solius temporis principio, constituente, formalium totorum cognoscendi rationes a veris rationibus naturae, in quibus tempus et spatium conjuncta sunt, separantur; sublimiore autem geometria, quae geometriae calculum analyticum jungit, at ex ipsa necessitate temporis spatiique unitorum rationes emetiendi orta est, separationem nonnisi negative per notionem infiniti tollente, neque utriusque veram synthesin proponente, et in negotio suo à formali geometriae et arithmeticae methodo neutiquam discedente. Quapropter ne quae ad rationes cognoscendi mathesi proprias atque formales pertinent, cum physicis rationibus confundamus, iis quibus mathematica tantum est realitas, physicam realitatem tribuentes.

Newton quidem non solum opus celeberrimum, quo leges motuum descripsit, earumque exemplum in systemate mundi proposuit, philosophiae naturalis principia *mathematica* inscripsit, sed et iterum iterumque monet, se voces Attractionis, Impulsus vel Propensionis cujuscunque in centrum indifferenter et pro se mutuo promiscue usurpare; has vires non physice sed mathematice tantum considerando, cavendumque esse lectori, ne per hujusmodi voces cogitet, illum speciem vel modum actionis causamve aut rationem Physicam alicubi definire, vel centris (quae sunt puncta Mathematica) vires vere et Physice tribuere; si und bedeuten für die Intelligenz Naturgesetze. Aber von der Bedeutung, die der Totalität zukommt, muss man das Unternehmen, diese zu analysieren und auseinanderzulegen, genau unterscheiden, das von der Natur, wie sie in sich vollendet ist, absieht. Denn der eine Teil der Mathematik, die Geometrie, abstrahiert von der Zeit, der andere, die Arithmetik, vom Raume; jene konstruiert das Ganze der Geometrie ausschließlich aus | dem Prinzip des Raumes, diese das Ganze der Arithmetik ausschließlich aus dem Prinzip der Zeit, und so werden die Gründe für die Erkenntnis jener formalen Ganzheiten losgelöst von den wahren Verhältnissen der realen Natur, in denen Zeit und Raum unlöslich verbunden sind. Die höhere Geometrie aber, die in die Geometrie die Rechnungsart der Analysis einführt und aus der Notwendigkeit selbst erzeugt worden ist, die Beziehungen von Raum und Zeit als miteinander vereinigter Formen zu bestimmen, vermag deren Trennung nur negativ durch den Begriff des Unendlichen aufzuheben, stellt aber weder eine wahre Synthesis der beiden auf, noch kann sie irgendwie von der formalen Methode der Geometrie und der Arithmetik sich freimachen. Deshalb darf man die Gesichtspunkte, die den der Mathematik eigentümlichen formalen Erkenntnisweisen zugehören, nicht mit Verhältnissen der physischen Welt verwechseln und dem, was nur innerhalb der Mathematik Realität hat, keine physische Realität zuschreiben.

Newton hat freilich nicht bloß seinem hochberühmten Werk, das die Bewegungsgesetze darlegt und im Weltsystem das Beispiel für sie vor Augen stellt, den Titel gegeben: Mathematische Prinzipien der Naturphilosophie,[4] sondern er hebt auch *
immer wieder hervor, dass er die Ausdrücke „Anziehung, Stoß und Streben zum Mittelpunkte“ unterschiedslos und wechselseitig für einander gebrauche; er betrachte diese Kräfte nicht physikalisch, sondern ausschließlich mathematisch, weswegen sich der Leser hüten müsse, zu meinen, durch jene Ausdrücke solle irgendwie eine Art und Weise der Tätigkeit oder eine Ursache oder Grund des Physischen bestimmt oder den Mittelpunkten, die mathematische Punkte sind, reale physische Kräfte beigelegt

forte aut centra trahere aut vires centrorum esse dixerit. Qualem autem Newton Physices habuerit notionem, vel et hoc solo patet, quod attractiones fortasse, si physice loquamur, verius dici Impulsus inquit; nos autem impulsum ad mechanicam neque ad veram physicam pertinere censemus, de qua harum scientiarum differentia infra plura dicentur; nunc autem monemus, si mathematicas rationes expendere vellet, mirandum esse, quod omnino virium nomine usus sit; ad mathematicam enim quantitates phaenomeni, vis autem cognitio ad physicam pertinet. Verum ubique virium proportiones se | definire putans, ex physica et mathematica commixtum aedificium exstruxit, in quo quid ad physicam scientiam pertineat, eamque vere auxerit, difficulter separatur.

Keplero quidem, qui gravitatem communem corporum esse qualitatem, attractionemque lunae fluxus refluxusque maris causam, et irregularitates motus lunaris a conjuncta solis terraeque vi oriri cognovit, si, qui puriori philosophiae et scientiarum amore sensuque praeditus esset, confusionem illam, quam ex virium, gravitatis, centripetae et centrifugae positione oriri videbimus, ferre potuisset, im mortalium legum, quas invenit, purae et mathematicae expressioni speciem physicam subornare facillimum erat; legem enim, quam dedit, areas, quas corporum in gyros actorum radii vectores emetiuntur, temporibus esse proportionales, transmutare poterat in hanc speciem physicae legis, gravitatem esse in ratione arcuum ad aequales sectores pertinentium, et quum totae circulorum areae A, a sint ut Radiorum quadrata, werden, wiewohl er etwa auch sich so ausgedrückt habe, die Mittelpunkte übten Anziehungskraft aus oder es gäbe Zentralkräfte. Aber was Newtons Begriff der Physik gewesen ist, geht ja daraus allein schon hervor, dass er sagt, man würde vielleicht, wenn man sich physikalisch ausdrücken wolle, statt Anziehung richtiger Stoß sagen. Wir dagegen sind der Überzeugung, dass der Stoß in die Mechanik, nicht aber in die wahre Physik gehöre. Über den Unterschied dieser beiden Wissenschaften werden wir weiter unten ein Mehreres sagen; hier sei nur bemerkt, dass, wenn Newton mathematische Verhältnisse auseinandersetzen wollte, man sich wundern muss, warum er | überhaupt des Wortes „Kräfte“ sich bedient hat. Denn in die Mathematik fallen die Größenverhältnisse des Gegenstandes, die Erkenntnis der Kraft aber gehört in die Physik. Newton aber hat überall in dem Glauben, die Kräfteverhältnisse zu definieren, ein aus Physik und Mathematik gemischtes Bauwerk aufgerichtet, in dem sich kaum herausbekommen lässt, was in die Physik gehört und ihr einen wirklichen Fortschritt gebracht hat.

Anders ist es bei Kepler, der erkannt hat, dass die Schwere die gemeinsame Qualität der Körper, dass die Anziehungskraft des Mondes die Ursache für Ebbe und Flut sei und dass die Störungen im Mondlauf durch die zwiefache Kraft von Sonne und Erde hervorgerufen werden. Wenn ein mit einer durchaus reinen Liebe und Fähigkeit zur Philosophie begabter Mann überhaupt jene Verwirrung zu ertragen vermocht hätte, die, wie wir sehen werden, aus der Aufstellung der Schwerkraft, der Zentripetal- und der Zentrifugalkraft entsteht, *so wäre es* [für Kepler] *leicht gewesen, die physische Gestalt der unsterblichen Gesetze, die er entdeckt hat, mit einem reinen und mathematischen Ausdruck auszuschmücken.*[5] Denn er hätte sein Gesetz, dass die Flächen, *
die von den radiis vectoribus [Ortsvektoren] der sich in Kreisen bewegenden Körper beschrieben werden, den Zeiten der Bewegung proportional sind, in die folgende Gestalt eines physikalischen Gesetzes umformen können: Die Schwerkraft beruht auf dem Verhältnis der Bogen, die zu den gleichen Sektoren gehören. Und wenn die ganzen Kreisflächen A und a sich verhalten

$\frac{1}{A} : \frac{1}{a}$ erunt ut $r^2 : R^2$; et deinde $\frac{1}{A}$ et $\frac{1}{a}$ quantitatem motus, et si velis, quantitatem vis centripetae exprimentibus, dicere poterat, vim gravitatis sive centripetae esse in ratione inversa radiorum sive distantiarum. Qui autem illam, quam Newton propositionis: areas, quas corpora in gyros acta radiis ad immobile centrum virium ductis describunt, temporibus esse proportionales, demonstrationem dedit, pro vera demonstratione habere velit, ejus facilitati non invidendum est; ea enim demonstratio arcus aeque ac areas temporibus esse proportionales efficit; verum neutiquam arcus sed areas tantum temporibus esse proportionales efficiendum erat.

In iis, quae ad mathematicas demonstrationes multum faciant, sensu physico plerumque destitutam referendam esse censeo celebrem illam virium resolutionem; nam quando mechanica motus directio ex oppositis virium plurium directionibus vere oriri potest, inde directionem vis vivae ex oppositis viribus proficisci non modo non efficitur, sed illa ratio mechanica, qua corpus a viribus ipsi alienis urgeatur, a vi viva plane aliena censenda est. Sed ubi Newton, qui lucem, quam natura simplicem esse voluit, in partes dissecuit, ita alias simplices vires resolvit, lineasque quibus ad theoremata de illarum quantitatibus struenda utitur, vires appellat, physici jure mirantur, quomodo per tractationem phaenomeni mathematicam tanta virium multitudo oriatur, quas natura ignorat. Quum hac resolutione et inde constructo parallelogrammo virium omnis fere mechanicae et Astronomiae scientia nitatur, ipsa scientiae in se perfectae et phaenomenis naturae consentaneae magnitudo hypothesin illam probare videtur, ita wie die Quadrate der Radien R und r, so werden $\frac{1}{A} : \frac{1}{a}$ sich verhalten wie $r^2 : R^2$. Ferner wenn $\frac{1}{A}$ und $\frac{1}{a}$ die Größe der Bewegung und, wenn man will, die Größe der Zentripetalkraft ausdrücken, so konnte er sagen, die Schwer- oder Zentripetalkraft stehe im umgekehrten Verhältnis der Radien oder Entfernungen. Wer aber jenen Beweis, den Newton für den Satz gegeben hat, dass die Flächen, die in Kreisen sich bewegende Körper mit den in das unbewegliche Kräftezentrum gezogenen Radien beschreiben, den Zeiten der Bewegung proportional sind, für einen wirklichen Beweis will gelten lassen, der ist um seine Leichtgläubigkeit nicht zu beneiden. Denn nach diesen Beweisen wären ebenso die Bogen wie die Flachen den Zeiten proportional, während zu beweisen | war, dass keinesfalls die Bogen, sondern nur die Flächen den Zeiten proportional seien.[6] *

Zu dem, was für die mathematischen Beweise viel ausmacht, rechne ich jene berühmte, jeglichen Natursinns bare Zerspaltung der Kräfte. Denn wenn tatsächlich eine mechanische Bewegungsrichtung aus entgegengesetzten Richtungen mehrerer Kräfte entstehen kann, so wird daraus nicht nur nicht bewiesen, dass die Richtung einer lebendigen Kraft aus entgegengesetzten Kräften erzeugt werde, sondern jenes mechanische Verhältnis, wonach ein Körper von Kräften, die außer ihm selber sind, getrieben wird, muss der lebendigen Kraft gänzlich fremd geachtet werden. Wenn aber Newton, der, wie er das Licht, das nach dem Willen der Natur einfach ist, in Teile gespalten hat, so auch andere einfache Kräfte auflöst und die Hilfslinien, die er benutzt, um seine Lehrsätze über ihre messbaren Größen aufzustellen, Kräfte nennt, dann haben die Physiker recht, sich zu verwundern, wie durch die mathematische Behandlung des Gegenstandes solch eine Menge von Kräften entsteht, von denen die Natur nichts weiß. Fast die ganze Wissenschaft der Mechanik und der Astronomie stützt sich auf diese Spaltung und das daraufhin konstruierte Parallelogramm der Kräfte, so dass die imponierende Größe einer in sich vollendeten und den Naturerscheinungen gerecht werdenden Wissenschaft jene Hypothese ut hoc principium, quamvis, si solum spectetur, probabili ratione careat, quando multiplex illius usus apparet, maximam sibi fidem conciliet. Veram autem rationem, qua id, quod vis quaecunque efficiat, | per quadratum, et omnes, quae ad eam referuntur, quantitates, per rationes, quae ex constructione quadrati profluunt, exponendum sit postea videamus; hic annotâsse sufficiat, resolutionem phaenomeni simplicis per lineam sive rectam sive curvam expositi in alias lineas postulatum esse mathematicum, quod multiplici commodo ad mathematicam redundante se commendet, cujus principium autem ab alia scientia pendeat; neque de principio ex ejus usu et consectariis statuendum esse, neque lineis, in quas ex illo postulato directio vis per lineam exposita resolvitur, ob commodum mathematicum physicam significationem tribuendam esse.

Nec vero alia vis centripetae, quantum a gravitate discernitur, et vis centrifugae origo apparet, quam illa ex resolutione directionis motus in lineas mathematicas ducta. Pars enim infinite parva circuli parallelogrammo includitur, ita ut sit ejus diagonalis, lineae autem laterales sint tangens eique in ultima ratione aequalis chorda sive sinus, et sinus versus eique in ultima ratione aequalis secans, quibus ita tribuitur realitas physica, ut altera pro vis centrifugae altera pro centripetae efficacia ponatur. Videamus primum de realitate vis centrifugae.

Illud quidem apparet, necessitatem lineae tangentis geometricam neutiquam efficere necassitatem vis physicae tangentialis. Geometria quidem pura circuli veram formam non mutat, neque ipsam peripheriam cum radio, sed lineas ex ratione peripheriae zu beweisen scheint und diese Methode, obwohl sie, für sich betrachtet, eines vernünftigen Grundes ermangelt; durch ihren offenbaren vielfachen Nutzen sich das größte Zutrauen erwirbt. Indessen werden wir nachher den wahren Grund kennen lernen, weshalb die Wirkung jeder beliebigen Kraft durch das Quadrat und alle Größenbestimmungen, die mit ihr zusammenhängen, durch Verhältnisse, die aus der Konstruktion eines Quadrates hervorgehen, erklärt werden müssen. Hier genüge es, darauf hinzuweisen, dass die Methode, eine einfache Naturerscheinung, die durch eine gerade oder krumme Linie sich darstellt, in verschiedene andere Linien aufzulösen, ein mathematisches Postulat ist, das sich durch seine mannigfache, der Mathematik zugutekommende Brauchbarkeit empfiehlt, dessen Prinzip aber eine andere Wissenschaft zu prüfen hat, und dass es nicht angeht, über ein Prinzip auf Grund seines Nutzens und seiner Folgen zu urteilen oder Linien, in die nach jenem Postulate die durch eine Linie dargestellte Kraftrichtung auseinandergelegt wird, wegen der | mathematischen Brauchbarkeit eine physische Bedeutung zuzusprechen.

In der Tat aber ergibt sich, dass die Zentripetalkraft, soweit man sie von der Schwerkraft unterscheidet, ebenso wenig wie die Zentrifugalkraft anderswoher stammt als aus jenem Zerspalten der Bewegungsrichtung in mathematische Linien. Man schließt nämlich einen unendlich kleinen Teil der Kreislinie so in ein Parallelogramm ein, dass er dessen Diagonale ist. Die Seiten aber sind einmal die Tangente und die ihr im letzten Grunde gleiche Chorda oder der Sinus und dann der Sinus versus und die ihm im letzten Grunde gleiche Sekante. Diesen wird in der Weise physische Realität zugeschrieben, dass die eine als Zentripetal-, die andere als Zentrifugalkraft gesetzt wird. Prüfen wir zuerst die Realität der Zentrifugalkraft.

Das eine ist jedenfalls klar, dass die geometrische Notwendigkeit der Tangente keineswegs die Notwendigkeit einer tangentialen physischen Kraft in sich schließe. Die reine Geometrie ändert ja an der wirklichen Form der Kreislinie gar nichts; sie vergleicht auch nicht die Peripherie selbst mit dem Radius, ad radium determinatas comparat et cognoscit; geometria autem quae circulum calculo subjicere et peripheriae ad radium rationem numeris exprimere conatur, ad hypothesin infinitorum laterum polygoni regularis confugit, ita tamen ut notione infiniti et ultimae rationis ipsum polygonum et rectas lineas simul tollat. Quid, si geometria ipsa à qua resolutio circuli in linearum rectarum multitudinem proficiscitur, hanc notionem pro mere hypothetica tractat, evanescentibus lineis rectis cum parallelogrammo ad infinitam parvitatem redacto, quomodo ab illa realitas earum linearum physica proficisci poterit?

Deinde si, nulla geometriae habita ratione, de ipsa vis centrifugae physica realitate quaeramus, a philosophia quidem illa experimentali, quam Newton seu potius omni aevo omnis Anglia longe optimam imo vero unicam et solam esse censuit, ne attendamus philosophicam vis centrifugae constructionem; hypothesin vis illius per experientiam solam firmare possunt et volunt; exemplis autem, quibus id efficere conantur, nihil tristius esse potest; afferunt praesertim, Newton et qui eum secuti sunt, lapidem qui in funda circumactus à circumagente manu abire conetur, et conatu suo fundam distendat, et quamprimum dimittatur, avolet; alio deinde vim centrifugam exemplo globi plumbei illustrant, qui data cum velocitate secundum lineam horizontalem a montis alicujus vertice vi pulveris tormentarii projectus pergeret in linea curva ad distantiam duorum milliarium, priusquam in terram decideret; et augendo velocitatem augeri posset pro lubitu distantia in quam projiceretur, et minui curvatura lineae, quam describeret, ita ut tandem caderet ad | distantiam graduum sondern vergleicht und betrachtet die Linien, die durch die Beziehung der Peripherie zum Radius ihre Bestimmung erhalten; diejenige Geometrie dagegen, die den Kreis dem rechnerischen Verfahren unterwerfen und in Zahlen das Verhältnis der Peripherie zum Radius ausdrücken will, muss zu der Hypothese eines regelmäßigen Vielecks von unendlich vielen Seiten ihre Zuflucht nehmen, so aber, dass sie durch diesen Begriff des Unendlichen und der letzten, kleinsten Größe das Vieleck selbst und die geraden Linien wieder wegschafft. Wenn nun die Geometrie selbst, der die Auflösung der Kreislinie in eine unendliche Menge gerader Linien verdankt wird, diesen Begriff als reine Hypothese behandelt, indem diese geraden Linien zusammen mit dem zur unendlichen Kleinheit heruntergebrachten Parallelogramm wieder verschwinden, wie soll sie die Urheberin einer physischen Qualität dieser Linien sein?

Ferner, wenn wir, ohne auf die Geometrie Bezug zu nehmen, geradewegs nach der physischen Realität der Zentrifugalkraft fragen, dürfen wir von jener Experimentalphilosophie, die Newton oder vielmehr die Engländer in jedem Jahrhundert für die weitaus vortrefflichste, ja die schlechthin einzige Philosophie erklärt haben, keine philosophische Konstruktion der Zentrifugal|kraft erwarten. Sie können und wollen nur durch die Erfahrung diese Kraft bestätigen. Aber es kann nichts Trostloseres geben als die Beispiele, mit denen sie das versuchen. Besonders Newton und seine Jünger bringen den Stein bei, der, von der Schleuder herumbewegt, von der Hand des Schleudernden sich zu entfernen strebt, durch sein Streben den Faden der Schleuder straff spannt und, sobald man ihn freilässt, davonfliegt. Als andres Beispiel der Zentrifugalkraft wird die Kanonenkugel benutzt, die, aus einem Geschütz mit gegebener Geschwindigkeit in horizontaler Richtung auf einem Berggipfel abgefeuert, in einer Bogenlinie bis auf eine Entfernung von zwei Meilen fliegt, ehe sie zu Boden fällt. Auch würde man, wenn man die Geschwindigkeit entsprechend verstärkte, nach Belieben die Weite ihres Fluges vergrößern und die Krümmung ihrer Bahn vermindern können, so dass sie schließlich erst in der Entfernung decem vel triginta vel nonaginta; vel denique ut in terram nunquam caderet, sed in coelos abiret et motu abeundi pergeret in infinitum. Posterius exemplum rectilinei motus notionem praebet, quam sine exemplo unus quisque fingere potest, utrumque eam ab actione projiciendi depromit, unde brevissime ad illam notionem pervenitur vim centrifugam definiendo ut sit vis, quae corpus in lineam rectam projicit, neutrum autem exemplum talis vis ne vestigium quidem in natura monstrat.

Sed ipsa fortassis philosophia à priori ea deducit, quae experimentalis methodus, philosophiae nomen sibi sumens, false et infelici cum successu ex experimentis cognoscere aggreditur, coeco quodam studio simulacrum verarum philosophiae notionum sensibus quaerens. Et obversari illi insciae putanda est oppositio virium attractivae et repulsivae atque ad hanc motus theoriam adhiberi. Verum philosophia hanc virium differentiam materiae ita tribuit, ut earum conditionem faciat gravitatem sive ipsam identitatem. A qua ratione quantum absit motus planetarum constructio, inde patet, quod vis illa centrifuga in motum rectilineum directa, nulla penitus corporis centralis habita ratione corpori tribuatur alteri, unde etiam nullum eorum conjunctionis principium esse, neque, cum illae vires contradictorie oppositorum characterem ferant, cur non in linea recta sed sub angulo qui lineam oppositionis rectam in duas dirimit opponantur, explicari potest. Sed eas vires, mere ideales esse, neque ullo modo vires physicas eo, quod communi principio carent, in confesso est; ne ergo haec philosophia experimentalis phaenomenon ex viribus von zehn oder dreißig oder neunzig Graden niederfiele oder gar überhaupt nicht mehr zur Erde gelangte, sondern in den Himmelsraum davoneilte und durch die Bewegung ihres Fluges ins Unendliche weiterzöge. Das letztere Beispiel gibt den Begriff einer Bewegung in gerader Linie, den sich jeder auch ohne Beispiel bilden kann. Beide Beispiele gewinnen den Begriff auf Grund dessen, dass sie einen Akt, durch den der Körper geschleudert wird, voraussetzen, und in der Tat gelangt man von da aus am kürzesten zu diesem Begriff, indem man die Zentrifugalkraft definiert als die Kraft, die einen Körper in gerader Richtung forttreibt. Aber durch keines der beiden Beispiele wird auch nur eine Spur einer solchen Kraft in der Natur aufgewiesen.

Indessen kann die Philosophie vielleicht a priori das ableiten, was das Experimentalverfahren – das sich den Namen der Philosophie anmaßt und in blindem Eifer mit den Sinnen nach einem Zerrbild der wahren philosophischen Begriffe hascht – irrig und erfolglos aus Experimenten zu erkennen unternimmt. Und man muss annehmen, dass diesem Verfahren, ohne dass es sich selber dessen bewusst ist, der Gegensatz der Anziehungs- und Abstoßungskraft vor Augen schwebt und für ihre Theorie der Bewegung benutzt wird. Die Philosophie aber schreibt der Materie diesen Unterschied der Kräfte in dem Sinne zu, dass die Schwerkraft oder die Identität selbst seine Voraussetzung bildet. Wie weit von dieser Anschauung jene Konstruktion der Planetenbewegung abhängt, erhellt schon daraus, dass die in geradliniger | Richtung wirkende Zentrifugalkraft ganz ohne Rücksicht auf einen Zentralkörper irgendeinem zweiten Körper zugeschrieben wird. Daraus folgt, dass es kein Prinzip der Verbindung zwischen beiden gibt, und es wird unerklärlich, warum jene Kräfte, die doch den Charakter kontradiktorischer Gegensätze tragen, nicht in gerader Linie, sondern unter einem Winkel einander entgegengesetzt werden, der die gerade Linie der Entgegensetzung in zwei Linien spaltet. Aber damit dass die Kräfte eines gemeinsamen Prinzips ermangeln, wird ja zugestanden, dass sie rein ausgedacht und in keiner Weise physische Kräfte seien; so möge denn jene Experimentalphilosophie, wenn sie den Verplane nihil commune habentibus, et a se alienis construere tentans, ad verae philosophiae vires oppositas provocet; earum enim ratio plane diversa est; philosophia vera philosophiae experimentalis principium repudiat, quod a mechanica naturam in materia mortua imitante, et virium absolute diversarum in corpore quodam synthesin efficiente, petitur; ea autem quae ad imitationem naturae pertinent, in naturae ipsius cognitione penitus abjicienda sunt, neque casui et arbitrio in physica locus dandus; sol autem et planetae cometaeque, si eorum motus ex virium centripetae et centrifugae ratione explicatur, nulla necessitate sed mero quodam casu se invenisse dicendi erunt.

Quamvis autem vis ad centrum tendentis et vis tangentialis notiones ex geometrica ratione physica hauserit, neutiquam ea methodus ex absolute oppositis phaenomenon construendi pro methodo geometrica habenda est; neque enim geometria ex lineis sub angulo recto aut alio quocunque coeuntibus circulum aut aliam curvam construere tentat, verum circulum aut aliam curvam de qua quaestio est, supponit ut datam, atque ex his datis reliquarum linearum rationes inde determinatas docet; quam physica scientia methodum veram perfecte imitari debebat | totum ponendi ex eoque rationes partium deducendi, neutiquam vero ex oppositis viribus id est ex partibus totum componendi. Qui autem fieri possit, quin astronomia illa physica ad leges suas Matheseos ope perveniens, Mathesin vere sequatur? Revera ubi de vi centrifuga, de vi centripeta, de gravitate loqui sibi videtur, de toto phaenomeno semper verba facit; neque solum ut geosuch macht, die Erscheinungen aus Kräften zu konstruieren, die nichts miteinander gemein haben und sich gänzlich fremd sind, davon absehen, sich auf die Kräfte zu berufen, die von der wahren Philosophie einander entgegengestellt werden; denn deren Sinn ist ein völlig anderer. Die wahre Philosophie verwirft das Prinzip der Experimentalphilosophie. Denn dieses wird der Mechanik entnommen, die in toter Materie die Natur nachbilden und in irgendeinem Körper eine Synthesis gänzlich voneinander verschiedener Kräfte herstellen will; aber für die Erkenntnis der Natur selbst ist das, was zu ihrer Nachbildung dienen soll, gänzlich zu verwerfen, und dem Zufall und der Willkür darf in der Physik kein Raum gewährt werden. Will man aber die Bewegungen der Sonne und der Planeten und Kometen aus dem Verhältnis der Zentripetal- und Zentrifugalkraft erklären, so müsste man sagen, dass sie durch keinerlei Notwendigkeit, sondern rein aus einem Zufall sich zusammengefunden haben.

Das Verfahren, die Naturerscheinungen aus absolut Entgegengesetzten zu konstruieren, hat zwar die Begriffe der zum Mittelpunkt strebenden Kraft und der Tangentialkraft aus der geometrischen Physikbehandlung entnommen; dennoch darf man es keineswegs für ein geometrisches Verfahren halten. Denn die Geometrie will den Kreis oder irgendeine Kurve gar nicht aus Linien, die sich im rechten oder sonst einem Winkel schneiden, konstruieren, sondern sie setzt den Kreis oder die andere Kurve, die betrachtet wird, als gegeben voraus und lehrt aus diesen Gegebenheiten die dadurch bestimmten Beziehungen der übrigen Linien erfassen. Diese wahre Methode hätte die Physik vollständig befolgen, sie hätte zuerst das Ganze setzen und aus ihm die Verhältnisse der Teile ableiten, niemals aber aus entgegengesetzten | Kräften, d.h. aus Teilen, erst das Ganze zusammenstellen versuchen sollen. Wie aber wäre es möglich, dass die physische Astronomie, die mit Hilfe der Mathematik zu ihren Gesetzen kommt, der Mathematik in Wahrheit sich anschlösse? Sie macht ja tatsächlich, wenn sie von der Zentrifugal-, der Zentripetal- und der Schwerkraft zu reden meint, immer ihre Aussagen über die ganze Naturerscheinung. Schon metria, quae lineam aliquam radici summae duorum quadratorum aequalem esse dicit, non de aliqua quacunque singula linea loquitur, sed de hypotenusa, id est, parte per Totum, quod triangulum rectangulum est, determinata, partem eam autem a Toto ut a reliquis partibus discernens: sed per vis centripetae, centrifugae et gravitatis quantitatem unum idemque totius motus phaenomenon ita determinatur, ut perinde sit, utrum ex gravitatis, ex vis centripetae an ex vis centrifugae quantitate problema aliquod solvas, et illae vires distinctae mera nomina sint, quibus rectius carebamus; ex qua ejus distinctionis inanitate omnis illa in explicandis phaenomenis confusio et perplexitas oritur. Manifestam in eo deprehendes contradictionem quod illud, quod vi centripeta, per sinum versum, illud, quod vi centrifuga efficitur, per tangentem exponatur, simul autem utraque vis sibi mutuo aequalis dicatur; neque ad contradictionem istam tollendam confugi potest ad primam nascentium et ultimam evanescentium rationem, in qua ratio arcus, sinus versi et tangentis sit ratio aequalitatis, ita ut hae lineae pro se invicem usurpari possint; prima enim et ultima ratio tum est ratio aequalitatis, si nulla sit, si neque arcui neque sinui verso neque tangenti neque differentiae earum virium, de qua agitur, locus sit: vis centrifuga centripetae tum demum aequalis est, quando per unius et alterius quantitatem re vera totius motus quantitas exprimitur, et earum virium ratio, earumque differentia et nomina cassa sunt.

Quod igitur ad inanitatem differentiae attinet, primum quidem vim centripetam eandem esse ac gravitatem in confesso die Geometrie behauptet nicht von irgendeiner beliebigen Linie, dass sie gleich der Wurzel aus der Summe zweier Quadrate sei, sondern das beweist sie ausschließlich von der Hypotenuse, d. i. einem Bestandteil, der durch sein Ganzes, nämlich das rechtwinklige Dreieck bestimmt ist und den sie dann von dem Ganzen wie von den anderen Bestandteilen unterscheidet. Durch die zahlenmäßig bestimmte Größe der Zentripetal-, Zentrifugal- und Schwerkraft aber wird ein und dieselbe Erscheinung, nämlich die gesamte Bewegung so bestimmt, dass es einerlei ist, ob man irgendein Problem von der Größe der Schwerkraft oder der Zentripetal- oder der Zentrifugalkraft aus zur Lösung bringt. Jene verschiedenen Kräfte sind eben bloße Namen, auf die man besser verzichtet; denn aus der Leerheit ihrer Unterscheidung ist die ganze Verwirrung und Unklarheit in der Erklärung der Erscheinungen entstanden. Den offenbaren Widerspruch in diesem Verfahren kann man daran gewahr werden, dass die Erscheinung, die durch die Zentripetalkraft hervorgerufen wird, mittels des Sinus versus, diejenige, die durch die Zentrifugalkraft bewirkt wird, mittels der Tangente anschaulich gemacht, zugleich aber jede dieser beiden Kräfte der andern wechselweise gleichgesetzt wird. Diesen Widerspruch zu beseitigen kann man nicht zu der ersten Bestimmung der entstehenden und zu der letzten der verschwindenden Größen seine Zuflucht nehmen, wo das Verhältnis des Bogens, des Sinus versus und der Tangente das der Gleichheit in der Weise ist, dass man eine dieser Linien an die Stelle der andern setzen kann. Denn jene erste und letzte Bestimmung ist eben erst dann dies Verhältnis der Gleichheit, wenn es überhaupt keines mehr ist, wenn weder für den Bogen noch den Sinus versus, noch die Tangente, noch den Unterschied dieser Kräfte irgendein Raum mehr ist. Die Zentrifugal- ist der Zentripetalkraft dann erst gleich, wenn durch die Größe der einen und der anderen tatsächlich die Größe der ganzen Bewegung ausgedrückt wird und das Verhältnis dieser Kräfte, ihr Unterschied und ihre Namen zu nichts geworden sind. |

Mit Bezug auf die Leerheit dieser Unterschiede wird erstens offen zugegeben, dass die Zentripetalkraft dasselbe sei wie die est, in earumque identitate evincenda Newton unice elaboravit; phaenomeni motus corporum coelestium igitur constructio illa physica, quae totum phaenomenon gravitati tribuit, et gravitatis duos factores vim centripetam et centrifugam ponit, quum alter factor vi toti aequalis ponatur, nulla est. Deinde vis centripetae lex, qua est in ratione inversa distantiarum, quum quantitatem totam motus in illa ratione esse velit, eam, quae vi centrifugae tribuitur, directionem tangentialem includit et simul continet, motus enim circularis a sola propensione ad centrum non effici, sed ex directione centrali et tangentiali esse compositus statuitur; quum autem tota motus quantitas vi centripetae tribuatur, et ejus quantitate determinetur, patet eam non opponi vi centrifugae sed totum phaenomenon per eam exprimi; atque eam ob causam in constructione geometrica id quod vis centripeta efficit, per aream totius trianguli cujus unus factor est linea tangentialis sive per sectorem exponitur. Quam necesse autem sit, ut in mathematica ratione altera vis alteri aequalis seu vere totum ponatur, inde patet, | quod virium oppositarum tota quantitas non eo solum mensuranda sit, quod altera vere effecit, sed quod etiam effecisset, opposita non impediente, addendumque in estimatione utrique id quod altera effecit; et vera vis centripetae quantitas non solum per sinum versum, sed et per tangentem, sive per eorum productum, lineam diagonalem exponenda est, ut vera vis centrifugae quantitas non per tangentem solam sed etiam per sinum versum, sive eorum productum; unde etiam vis centrifuga in

Schwerkraft; Newton hat sich einzig darum bemüht, ihre Identität zu beweisen. Also ist dann jene physikalische Konstruktion der Bewegung der Himmelskörper, die zwar die ganze Erscheinung auf die Schwerkraft zurückführt, aber die Zentripetal- und Zentrifugalkraft als die zwei Faktoren der Schwerkraft aufstellt, überhaupt für nichts zu achten, da ja schon der eine Faktor allein gleich der ganzen Kraft gesetzt wird. Ferner schließt das Gesetz der Zentripetalkraft, wonach sie im umgekehrten Verhältnis der Entfernungen steht und die ganze Größe der Bewegung in diesem Verhältnis enthalten sein soll, die Tangentialrichtung, die der Zentrifugalkraft zugeschrieben wird, bereits ein und enthält sie in sich. Denn die Kreisbewegung soll nicht von dem bloßen Streben zum Mittelpunkt hervorgebracht werden, sondern soll aus der Bewegung nach dem Mittelpunkt und der in Richtung der Tangente zusammengesetzt sein. Wird aber der Zentripetalkraft die ganze Größe der Bewegung zugerechnet und sie durch deren Größe bestimmt, so wird sie offenbar der Zentrifugalkraft nicht entgegengesetzt, sondern die ganze Erscheinung wird durch sie allein ausgedrückt; deshalb wird auch bei der geometrischen Konstruktion die Wirkung der Zentripetalkraft durch die Fläche des ganzen Dreiecks dargestellt, deren einer Faktor die Tangente ist, oder durch den Sektor. Wie nötig es aber ist, dass in der mathematischen Berechnung die eine Kraft der andern gleich oder vielmehr tatsächlich als das Ganze gesetzt werde, erhellt daraus, dass die ganze Größe der entgegengesetzten Kräfte nicht bloß durch das zu messen ist, was wirklich die eine bewirkt hat, sondern durch das, was sie würde bewirkt haben, wenn die andere ihr nicht entgegengewirkt hätte, und dass also jeder Kraft in der Berechnung das zugerechnet werden muss, was die andere bewirkt hat. Die wirkliche Größe der Zentripetalkraft darf also nicht bloß durch den Sinus versus, sondern muss auch durch die Tangente oder durch das Produkt beider, die Diagonale, dargestellt werden, ebenso wie die wirkliche Größe der Zentripetalkraft nicht bloß durch die Tangente, sondern auch durch den Sinus versus oder durch das Produkt beider. Dadurch wird dann festgestellt, dass auch die Zentrifugalkraft ratione inversa distantiarum esse statuitur; et sive vi centripetae sive centrifugae tribuas phaenomenon, problematis cujuscunque eadem semper resolutio erit.

Ex lege, qua utraque vis est in inversa ratione distantiarum, apparet, eas vires non esse in ea oppositione, quali physica mechanica ad construendum motus phaenomenon eget; oppositarum enim virium altera crescente altera diminuitur; ex sinu verso autem et linea tangenti simul auctis et diminutis intelligimus, tum per unam atque alteram vim totum phaenomenon describi et determinari, tum eas a tertia quadam vi pendere, quae earum est verum principium et identitas, vel potius neque vim centripetam neque centrifugam definiri, neque phaenomenon ex his factoribus construi, sed quantitatem totius motus phaenomeni poni.

Quantopere oppositio vis centripetae et centrifugae et earum expositio per sinum versum et tangentem vero sensu careat, maxime in explicanda velocitatis unius ejusdemque corporis in ellipsin revoluti diversitate perspicitur; in ellipsi enim cum sagittae, quae vim centripetam, et tangentis, quae centrifugam exponit, non ubique eadem ratio sit, diversitas velocitatis ex turbato virium aequilibrio explicari solet; verum ut in utraque quidem media distantia eadem sagittae et tangentis ratio eademque velocitas obtinet, in Aphelio contra et in Perihelio eadem quidem est sagittae et tangentis, sed diversissima velocitatis ratio. – In qua re et illud maxime mireris, quod quamvis omnia mathematicis demonstrationibus nitantur, alii quidem, ut supra diximus, vim im umgekehrten Verhältnis zu den Entfernungen steht, und ob man die Erscheinung auf diese oder jene Kraft zurück|führe, die Lösung jeglichen Bewegungsproblems wird immer dieselbe sein.

Aus dem Gesetz, wonach jede der beiden Kräfte im umgekehrten Verhältnis der Entfernungen steht, ergibt sich, dass diese Kräfte nicht in dem Gegensatz zueinander stehen, dessen die mechanische Physik zur Konstruktion der Bewegung bedarf. Denn wenn von zwei entgegengesetzten Kräften die eine wächst, nimmt die andere ab. Wir sehen aber, dass einerseits gleichzeitig aus der Vergrößerung und der Verringerung des Sinus versus und der Tangente sowohl durch die eine wie durch die andere Kraft sich die ganze Erscheinung beschreiben und bestimmen lässt, anderseits beide von einer dritten Kraft abhängen, die ihr wahres Prinzip und ihre Identität darstellt. Das aber bedeutet vielmehr, dass so weder die Zentripetal- noch die Zentrifugalkraft bestimmt, noch die Erscheinungen aus diesen beiden Faktoren erklärt werden, sondern dass die Größe der Gesamterscheinung der Bewegung festgesetzt wird.

In welchem Maß aber die Entgegensetzung der beiden Kräfte und ihre Darstellung durch den Sinus versus und die Tangente des rechten Sinnes entbehrt, lässt sich am deutlichsten erkennen, wenn die wechselnden Geschwindigkeiten eines Körpers erklärt werden sollen, der sich in einer Ellipse bewegt. Denn da das Verhältnis des Radius, der die Zentripetalkraft und der Tangente, die die Zentrifugalkraft darstellt, bei einer Ellipse nicht überall dasselbe ist, so pflegt man den Wechsel der Geschwindigkeit aus der Störung des Gleichgewichtes der Kräfte zu erklären; aber wie an den beiden Punkten der mittleren Entfernung das Verhältnis von Radius und Tangente und der Geschwindigkeit gleich sind, so ist dagegen im Perihel und im Aphel das Verhältnis von Radius und Tangente zwar das gleiche, aber das der Geschwindigkeit vollkommen verschieden. – Hier kann man auch darüber sich außerordentlich wundern, dass, obwohl alles auf mathematische Beweise gestützt wird, manche, wie oben gesagt, behaupten, die Zentrifugalkraft stehe im doppelten umcentrifugam in inversa duplici distantiarum ratione esse contendant, alii etiam in triplici ratione.

In hac ut unius ejusdemque planetae ita omnium corporum in orbem se gyrantium diversarum velocitatum explicandarum methodo innotescit illa empiriae sibi semper constans ratio, ipsa in orbem revoluta: diversae enim velocitates planetarum ex diversitate intensionis virium, diversa autem intensio virium, ex diversa velocitate cognoscitur.

Dicamus etiam de alio celeberrimo usu, ad quem vis centrifuga adhibetur; ex ea enim phaenomenon illud majoris in minoribus latitudinibus geographicis penduli tarditatis explicari, et minor ibi gravitas a philosophia illa cognosci solet. Cujus phaenomeni explicatio ex minore sub aequatore, et crescente in ratione quadrati sinus latitudinis gravitate ita datur, ut sub aequatore vis centripeta non aequalis | dicatur gravitati, sed minor parte $1/289$, quae vi centrifugae tribuitur; haec autem pars ita invenitur, ut corporis ad distantiam pedum 19 695 539 à centro singulis diebus horarum 23° 56' 4" uniformiter in circulo revoluti arcus, quem tempore minuti unius secundi describit, pedum sit 1436,2 ejusque sinus versus pedum 0,0523 sive lin 7,54; quum autem in terra nostra lapsus corporis in una minuta secunda in latidudine parisiensi sit pedum fere $15\,1/12$, sive lin 2174, et vis centripeta per spatium, quod corpus in dato tempore cadendo percurrit, cognoscatur, et per sinum versum exponatur, inter priorem igitur et hunc sinum versum tanta sit differentia ut ille sit hujus pars $1/289$: ille vi centrifugae tribuitur, quam alias per lineam tangentem exponi videmus. Quum supra alteram cum altera vi pro lubitu commutari, easque legibus nihil mutatis promiscue gekehrten Verhältnis der Entfernungen, andere meinen, es sei sogar ein dreifaches Verhältnis.

An dieser Methode, die die verschiedenen Geschwindigkeiten nicht bloß aller einzelnen Planeten, sondern sämtlicher Körper erklären will, die sich kreisförmig drehen, tritt jene Betrachtungsart hervor, an der die Empirie stets festhält und die | selbst sich immer im Kreis dreht. Die verschiedenen Geschwindigkeiten der Planeten nämlich werden aus der Verschiedenheit der Kräftegrade, der verschiedene Grad der Kräfte aber aus der Verschiedenheit der Schnelligkeit erkannt.

Wenden wir uns ferner dem andern vielbeliebten Zwecke zu, zu dem die Zentrifugalkraft gebraucht wird: Man will durch sie jene Tatsache erklären, dass in den geringeren geographischen Breiten die Pendelbewegung langsamer und also die Schwerkraft geringer ist. Man will dieses Phänomen dadurch erklären, dass am Äquator die Schwerkraft geringer sei und im Quadratverhältnisse des Breitengrades derart wachse, dass am Äquator die Zentripetalkraft nicht der Schwerkraft gleich, sondern um $^1/_{289}$ geringer sei, und dieser Bruchteil wird auf die Zentrifugalkraft zurückgeführt. Man berechnet aber diesen Bruchteil folgendermaßen. Wenn ein Körper vom Mittelpunkt 19 695 539 Fuß entfernt ist und an den einzelnen Tagen von 23° 56' 4" Stunden gleichförmig im Kreis läuft, so ist der Bogen, den er in einer Stunde beschreibt, 1436,2 Fuß lang, und sein Sinus versus beträgt 0,0523 Fuß oder 7,54 Linien. Da aber auf unserer Erde der Fall eines Körpers in dem Breitengrade von Paris etwa $15\,^1/_{12}$ Fuß oder 2174 Linien beträgt und die Zentripetalkraft einerseits aus der Entfernung berechnet wird, die ein Körper im Fallen während eines gegebenen Zeitraumes durchläuft, anderseits durch den Sinus versus dargestellt wird, da also ferner zwischen jenem ersten und dem zuletzt berechneten Sinus versus ein derartiger Unterschied besteht, dass der erste der $^1/_{289}$. Teil von diesem ist, so wird dieser auf die Zentrifugalkraft zurückgeführt, die man sonst, wie wir gesehen haben, durch die Tangente darstellt. Da man aber ferner, wie wir gesehen haben, die eine Kraft nach Belieben mit der anderen vertauschen und sie beide wechselweise pro se invicem usurpari posse intellexerimus, nihil obstat, quin illum minorem sinum versum pro vis centripetae efficacia sumamus et gravitati addamus, auctamque illa parte gravitatem non diminutam, causam penduli sub Aequatore retardati et pondera corporum sub minoribus latitudinibus crescere non diminui dicamus; atque phaenomeni mensura et explicatio pariter efficietur. Quum tardius sub minoribus latitudinibus horologium oscillatorium moveri experientia doceat, atque oscillationes a gravitate lapsum corporis efficiente deriventur, minorem esse gravitatem ob retardatum penduli ejusdem longitudinis et ponderis motum volunt. Corporis autem penduli motus non purus est lapsus: sed ne rectam lapsus lineam statim producat, impeditur pondus, suspensum neque a puncto suspensionis sed à latere dejectum; unde directio lineae verticalis in lineam curvam mutatur si velis a vi centripeta et centrifuga, a qua directionem horizontalem seu tangentialem produci dicamus, provenientem. Quidni ergo retardatas sub aequatore oscillationes inde explicemus quod differentiae a linea lapsus verticali effectae, sive motui horizontali et si velis vi centrifugae majus sub aequatore impedimentum obstet, quod in nulla alia re quam in fortiori propensione erga lineam verticalem ponendum, i. e. in majori sub minoribus latitudinibus vi centripeta, quae lineam verticalem fortiori nisu teneat, et sublatam restituat, citiusque directionem ipsi contrariam vincat? – Denique haec praeclare cum figura terrae consentire dicamus, ad aequatorem, cujus diameter axi brevior est, altioris;

füreinander eingestellt werden können, so hindert nichts, jenen kleineren Sinus versus für die Wirkung der Zentripetalkraft in Anspruch zu nehmen und der Schwerkraft zuzurechnen und zu behaupten, dass durch jenen Bruchteil die Schwerkraft nicht verringert, sondern vergrößert und dadurch die Verlangsamung des Pendels hervorgerufen werde, wie auch das Gewicht der Körper unter den niedrigeren Breiten nicht abnehme, sondern wachse. Auf diese Weise wird genau ebenso die Berechnung und Erklärung des Phänomens ermöglicht. Zwar behauptet man, die verlangsamte Bewegung eines Pendels | von gleicher Länge und gleichem Gewicht sei auf geringere Schwerkraft zurückzuführen, und weist darauf hin, die Erfahrung lehre, dass unter niederen Breiten das Uhrpendel sich langsamer bewege und dass seine Schwingung von der Schwerkraft abhänge, die den Fall der Körper bewirkt. Aber die Bewegung eines Pendels ist keineswegs bloß eine Fallbewegung, sondern das Gewicht, das an diesem festen Punkte aufgehängt ist und nicht von diesem aus, sondern von der Seite abwärts gestoßen wird, ist nicht imstande, die senkrechte Linie des Falls sogleich hervorzubringen; vielmehr wird die Vertikallinie in eine krumme verändert, die, wenn man will, durch die Zentripetal- und die Zentrifugalkraft bestimmt wird, von der man sagen mag, dass sie die horizontale oder tangentiale Richtung bewirke. Warum also sollte man doch die Verlangsamung der Schwingungen am Äquator nicht daraus erklären können, dass unter dem Äquator dem Abweichen von der senkrechten Fallrichtung oder der waagerechten Bewegung oder, wenn man will, der Zentrifugalkraft ein stärkerer Widerstand bereitet werde, den man nur in einer stärkeren Neigung zur senkrechten Richtung finden kann, was nichts anderes bedeutet, als dass in den niederen Breiten die Zentripetalkraft, die mit stärkerem Zuge nach der Vertikalen strebt und sie, wenn von ihr abgewichen worden ist, wiederherstellen will, die ihr entgegengesetzte Richtung schneller überwindet?

Schließlich könnte man sagen, dass diese Deutung glänzend zu der Gestalt der Erde passe, die im Verhältnis zum Äquator, dessen Durchmesser kürzer ist als die Erdachse, erhöht ist, sodass unde pendulum quia sub minori latitudine suspensum majori massae propius est, fortius attrahitur, et majori pondere ad terram et lineam verticalem tendit, neque in differentiam ab hac linea ea cum facilitate abire potest, quacum corpus in altioribus parallelis a minori massa attractum, motum ad latus suscipit.

Longius est eam, quam Newton inter vim motricem et acceleratricem facit, distinctionem discutere, qua utens inter alia illud tegere videtur, quod in famosissima legis vis centripetae ad motum lunae, et planetarum eorumque satellites, adplica|tione nullam massarum rationem habeat; unde etiam legem illam gravitatis, puram motus phaenomeni, non vis legem esse apparet; id enim, quod a vi efficitur, non a sola vis lege, sed etiam à massa pendeat necesse est, neque phaenomena soli vis legi consentanea esse possunt. Alii quidem in explicanda illa legis cum motu lunari comparatione massae lunae terraeque rationem adhibent; deinde massas planetarum differentes nullam legis quam ad solam vim pertinere volunt mutationem eam ob causam efficere suspicantur, quod massae planetarum cum solis massa comparatae perexiguae sint; eandemque rationem satellitum cum planetis, circum quos gyrantur, comparatorum esse putant; ex velocitate autem satellitum ejusque ad distantiam ratione, densitatem planetae, ut solis ex eadem planetarum ratione metiuntur.

Eodem modo, quo vim centripetam et centrifugam commutari mutuo in explicandis phaenomenis posse ostendimus, diminutio gravitatis cum ejusdem incremento commutari, et phaenomena quae ex decrescente vi gravitatis explicantur, ex aucta das Pendel, weil es in niederen Breiten einer dichteren Maße näher ist, stärker angezogen wird und mit größerem Gewicht zur Erde und zur senkrechten Linie strebt und zur Abweichung von dieser Linie nicht mit der gleichen Leichtigkeit kommen kann, mit der ein Körper in höheren Breitengraden, der von einer schwächeren Masse angezogen wird, die seitliche Bewegung ausführt.

Es würde zu weit führen, die Unterscheidung zu besprechen, die Newton zwischen der bewegenden und beschleunigenden Kraft macht. Er benutzt sie untereinander dazu, die Tatsache zu verschleiern, dass er in seiner berühmten Anwendung des Gesetzes der Schwerkraft auf die Bewegung des Mondes, der Planeten und deren Trabanten gar keine Rücksicht auf die Massen der verschiedenen Himmelskörper nimmt, ein Zei|chen dafür, dass jenes Gesetz der Schwerkraft bloß ein Gesetz der Bewegungserscheinung, aber nicht einer Kraft ist. Denn das, was von einer Kraft bewirkt wird, ist notwendig nicht von dem bloßen Gesetz der Kraft, sondern auch von der Masse abhängig, auf die sie wirkt, und die Erscheinungen können unmöglich bloß dem Gesetz der Kraft gleichen. Andere freilich berücksichtigen, wenn sie das Gesetz auf die Erscheinung des Mondumlaufs beziehen, die Masse des Mondes und der Erde, meinen aber dann, die verschieden großen Massen der Planeten vermöchten in dem Gesetz, das sie rein nur auf die Kraft beziehen, keinerlei Änderungen hervorzubringen, weil sie im Vergleich mit der Masse zur Sonne viel zu klein seien. Sie meinen auch, dass für das Verhältnis der Trabanten zu ihren Planeten gleiches gelte; wohl aber berechnen sie aus der Geschwindigkeit der Trabanten und dem Verhältnis dieser Geschwindigkeit zu ihrer Entfernung die Dichte der Planeten, wie sie auch die Dichte der Sonne aus demselben Verhältnis der Planeten berechnen.

Ebenso wie wir gezeigt haben, dass man zur Erklärung der Tatsachen die Zentripetal- und Zentrifugalkraft, die Zunahmen und die Abnahme der Schwerkraft vertauschen kann, werden wir auch die Erscheinungen, die man mit der Abnahme der Schwerkraft erklären will, aus ihrer Verstärkung ableiten und eadem explicari lexque illa, qua vis gravitatis in reciproca duplici ratione distantiarum esse dicitur ita inverti poterit, ut eam in directa duplici ratione distantiarum esse dicamus. Si enim in majori distantia gravitas minui dicitur, alter tantum ejus aestimandae factor, qui est velocitas, consideratur, quae cum in majori distantia sit minor, gravitatem esse minorem dicunt; verum vis magnitudinem simul ex magnitudine distantiae, in quam agit, aestimare debemus; et quae in duplam distantiam agit, quadruplo majorem praedicare. Si itaque ut vulgo vis gravitatis lex exprimi solet, ex solius velocitatis magnitudine considerata diminui vel augeri ea vis dicitur, distantia quidem ad rationem incrementi et decrementi determinandam neutiquam vero ad praedicandam ipsam incrementi et decrementi notionem adhibita: aequo jure velocitatem in praedicanda magnitudine negligamus, vim quae in majorem distantiam agit, majorem, eamque in directa esse distantiarum ratione dicentes. Ut in vecte cujus duo factores sunt distantia et pondus in inversa ratione, gravitas crescentibus distantiis augeri aut diminui, pro lubitu dici potest; majoris enim distantiae, ut aequilibrium sit, minus pondus est, quod Newton vim motricem apellat, minor ergo gravitas; aut majoris distantiae major est gravitas, idem enim pondus in majori distantia, majori vi est.

Ex quibus omnibus primum efficitur, inanem esse vis centrifugae et centripetae distinctionem, sed leges quas virium centripetae et centrifugae esse perhibent, revera esse leges motus mathematicas, physica virium specie et nomine contaminatas:

jenes Gesetz, wonach die Schwerkraft auf dem wechselseitig gedoppelten Verhältnis der Entfernungen beruhen soll, sich so umkehren lassen, dass man sagt, es beruhe auf dem einseitig doppelten Verhältnis der Entfernungen. Denn, wenn man sagt, die Schwerkraft verändert sich mit der Entfernung, so hat man nur einen Faktor im Auge, der zu ihrer Berechnung gehört, nämlich die Geschwindigkeit: Weil diese in größerer Entfernung geringer ist, meint man, die Schwerkraft sei geringer. Aber wir müssen die Größe einer Kraft zugleich nach der Größe der Entfernung, in die sie wirkt, abschätzen und also eine Kraft, die in doppelte Entfernung wirkt, für vierfach größer erklären. Wenn also nach gewöhnlicher Auffassung des Gesetzes der Schwerkraft die Zu- oder Abnahme dieser Kraft bloß aus der Größe der Geschwindigkeit bestimmt zu werden pflegt, ohne dass man die Entfernung, es sei zur Bestimmung des Verhältnisses von Zu- oder Abnahme, es sei zur Feststellung des Begriffs von Zu- und Abnahme überhaupt, in Betracht zieht, so | könnte man ebenso gut bei der Feststellung der Größe die Geschwindigkeit beiseitelassen und die Kraft, die auf größere Entfernung wirkt, für größer und durch das einseitige Verhältnis der Entfernungen bestimmt erklären. Wie beim Hebel, dessen beide Faktoren, Entfernung und Gewicht, in umgekehrtem Verhältnis stehen, kann man nach Belieben auch die Schwerkraft mit einer wachsenden Entfernung größer oder kleiner werden lassen. Denn bei größerer Entfernung muss, um das Gleichgewicht aufrecht zu erhalten, das Gewicht, das Newton die bewegende Kraft nennt, kleiner sein, d. h. die Schwerkraft würde kleiner. Oder auch die Schwerkraft bei größerer Entfernung ist größer; denn wenn das Gewicht bei größerer Entfernung dasselbe bleibt, so ist es von größerer Kraft.

Aus diesem allen ergibt sich, dass die Unterscheidung einer Zentripetal- und einer Zentrifugalkraft völlig leer ist und dass die Gesetze, die für solche dieser beiden Kräfte ausgegeben werden, in Wahrheit mathematische Gesetze der Bewegung sind, die fälschlich in die Gestalt von Naturkräften gebracht und mit deren Namen bezeichnet worden sind, ferner dass der deinde male vi gravitatis incrementum aut decrementum tribui, et in gravitatem ipsam neque quantitatem neque aliquam rationem quantitativam ad quamcunque aliam rem, neque ad spatium et tempus cadere. Gravitas una eademque dicenda est, | quae in forma duorum factorum, spatii et temporis, sive etiam spatii, ut ita dicam, quiescentis et spatii motu in tempore geniti existit: omnis autem quantitativa differentia et ratio ad hos factores pertinet, quorum altero diminuto alter augetur, neque eorum aliqua ratio aut proportio esse potest, nisi in uno eodemque positorum; eorum autem absoluta identitas variari, augeri aut diminui nequit. – Patet inde, quanto purius fuerit Kepleri ingenium et indoles qui nihil aliud quam horum factorum, qui vere augeri et diminui possunt, rationem posuit, neque harum rationum puram et vere coelestem expressionem per quantitates gravitatis, cujus nulla est quantitas, determinandas inquinavit. Illam autem quae a Newtone incepta est, mathematices et physices confusionem, grandis mathematica strues, magnusque et felix Matheseos in Astronomia praesertim usus, eruditis commendavit; plebi autem vis gravitatis cognita placuit, minus, quia à communi mundi vi, quam unam eandemque, Keplerus et alii philosophi statuerunt, quam quia a vi vulgari, ut lapides in terra projici ita corpora coelestia in orbes revolvi praesertim per tritissimam illam pomi coram Newtone delapsi historiam, edocta securitatem adversus coelum hausit, oblita scilicet, universae generis humani, deinde Trojae miseriae principiis pomum adfuisse, malum etiam scientiis philosophicis omen.

Schwerkraft Zunahme und Abnahme fälschlich zu Unrecht zugeschrieben wird und dass in der Schwerkraft selbst weder eine Größenbestimmung noch irgendein quantitatives Verhältnis zu irgendeinem anderen Gegenstand, weder zum Raum noch zur Zeit falle. Die Schwerkraft kann nur als identisch mit sich bezeichnet werden; sie existiert in Form zweier Faktoren, nämlich des Raums und der Zeit oder auch sozusagen des ruhenden und des durch die Bewegung in der Zeit erzeugten Raumes. Aller Größenunterschied aber und jedes quantitative Verhältnis gehört diesen Faktoren an, von denen, wenn der eine verringert wird, der andere wächst. Auch kann keinerlei Verhältnis oder Proportion zwischen ihnen stattfinden, außer in dem, was diesen beiden gesetzten Faktoren identisch ist; ihre absolute Identität aber kann nicht verändert, weder vermehrt noch vermindert werden. – Daraus erhellt, um wie viel reiner Keplers Geistesanlage gewesen ist, der nichts anderes als das Verhältnis dieser beiden Faktoren, die in Wahrheit weder vermehrt noch vermindert werden können, aufgestellt und den reinen und wahrhaft himmlischen Ausdruck dieses Verhältnisses nicht durch Größenbestimmungen der Schwerkraft, der keine Quantität zukommt, getrübt hat. Aber jene durch Newton eingeführte Verwir|rung von Mathematik und Physik hat der großartige mathematische Aufbau und vornehmlich in der Astronomie so erfolgreiche Gebrauch der Mathematik den Gelehrten empfohlen. Dem großen Publikum aber hat die Berechnung der Schwerkraft weniger deshalb gefallen, weil es eingesehen hätte, dass von der allgemeinen Kraft des Weltganzen, die Kepler und andere Denker gelehrt haben, als weil es belehrt wurde, dass von der landläufigen Kraft, die den Fall der Steine auf die Erde bewirkt, auch die Himmelskörper in Kreisen bewegt werden. Dazu hat besonders jene Geschichte von dem Apfel beigetragen, der vor Newtons Augen zu Boden fiel, wobei das Publikum ganz vergessen hat, dass der Fall des ganzen menschlichen Geschlechts und hinterher auch der Fall Trojas seinen Anfang mit einem Apfel genommen hat – auch für die philosophischen Wissenschaften ein böses Omen.

Quum itaque astronomiae scientia, quantum ad Mathesin pertinet, plurimum Newtoni debere censenda sit, ita physica species, qua mathematicas rationes induit, ab iis separanda, et quid ei veri insit a philosophia explorandum. Philosophiae autem illius experimentalis, quam Angliae indoles, atque ita Newton, Locke et reliqui qui eam indolem scriptis expresserunt, solam intelligunt, exemplum afferam, quod huc pertinet; theorema enim Cartesii, Aristotelis, aliorum quod pondera corporum à formis materiae pendere asserit, Newton ut refutaret, et pondera non in ratione formae sed quantitatis materiae esse probaret, haec experimenta instituit: auri, argenti, arenae, tritici etc. aequalium ponderum bina in duas, ut aeris resistentiae inaequalitatem demeret, aequales pyxides injiciens pendula constituit, quoad longitudinem, pondus, figuram et aeris resistentiam omnino paria. Quid per pendula quoad figuram, longitudinem et aeris resistentiam paria innotescit? aequalitas aut differentia ponderum; quum pondera corporum pendulorum igitur aequalia fecisset, feliciter invenit, aequalia esse eorum corporum pondera, philosophos illos, qui unius ejusdemque materiae diversas tantum formas statuunt tali experimentandi et philosophandi ratione refutatos putans. Ex quo uno exemplo quid sibi philosophia vera velit, penitus ignorare illam philosophiam experimentalem intelligitur; ex ejusdem principio etiam vera vis centripetae et centrifugae origo explicatur. In mechanica scientia, quum a vita naturae aliena sit, materiae nulla alia primitiva notio esse potest, quam mors, quam vim inertiae appellant i. e. indifferentiam erga | qui etem et motum; haec materia nihil aliud est, quam objecti sive abso-

Wir müssen also die wissenschaftliche Astronomie, soweit sie mathematisch verfährt, wesentlich als eine Schöpfung Newtons anerkennen; zugleich aber müssen wir das physikalische Gewand, mit dem er die mathematische Berechnung bekleidet hat, von diesen wieder wegnehmen und müssen es der Philosophie überlassen, zu untersuchen, was an ihm Wahres sei. Dafür aber, wie die Experimentalphilosophie verfährt, die der englische Geist und so auch Newton, Locke und die anderen, die ihn in ihren Schriften zum Ausdruck gebracht haben, ausschließlich kennen, will ich ein Beispiel geben, das hierhergehört. Newton hat in der Absicht, die Theorie des Cartesius, des Aristoteles und anderer zu widerlegen, dass die Körpergewichte von der Form abhängen, die die Materie annimmt, und um zu beweisen, das Gewicht beruhe nicht auf dem Verhältnis der Form, sondern der Menge der Materie, folgendes Experiment angestellt. Er hat je zwei gleichschwere Stücke von Gold, Silber, Sand, Weizen und dergleichen in je zwei einander gleiche Behälter getan, um jede Möglichkeit des Luftwiderstandes auszuschließen, und hat mit diesen Behältern Pendel hergestellt, die an Länge, Gewicht, Gestalt und Luftwiderstand völlig gleich waren. Was wird durch diese an Länge, Figur und Luftwiderstand gleichen Pendel klar? Die Gleichheit oder der Unterschied der Gewichte. Nachdem er also die Gewichte der pendelnden Körper gleichgemacht hatte, fand er | glücklich heraus, die Gewichte jener Pendel seien gleich, und glaubte, er habe mit dieser Manier zu experimentieren und zu philosophieren jene Denker widerlegt, die nur verschiedene Formen einer und derselben Materie lehren. Aus diesem einen Beispiel sieht man, dass jene Experimentalphilosophie unwissend darüber ist, was eigentlich die wahre Philosophie will. Aus demselben Prinzip nun wird auch der wahre Ursprung der Zentripetal- und Zentrifugalkraft erklärt. In der Mechanik, die von dem Leben der Natur weit abliegt, kann es keinen andern ursprünglichen Begriff der Materie geben als den Tod; man nennt ihn die Kraft der Trägheit, d. h. die Gleichgültigkeit gegen Ruhe und Bewegung. Diese Materie ist nichts anderes als der abstrakte Begriff des Objekts oder der absolulute oppositi abstractissima notio; unde omnem, quam in materia deprehendunt varietatem, etiam illam, quae motu cognoscitur, aliunde ipsi addunt; et gravitatem quidem materiae universae qualitatem esse ex experimentis et inductione cognoscunt; ex secunda philosophandi regula, quam Newton statuit, effectuum naturalium ejusdem generis eaedem sunt causae, ut descensus lapidum in Europa et in America; deinde ex regula tertia qualitates, quae corporibus competunt, in quibus experimenta instituere licet, pro qualitatibus corporum universorum habendae sunt. Experientia ergo materiam gravem esse docente, quum ejus quae est in lapide, qui in terram cadit, gravitatis rationem ab ea, quae in astris et primum corporibus ad solis nostri systema pertinentibus neque in terram cadentibus est, diversam esse pateat, aliam eamque vim centrifugam hujus phaenomeni causam esse statuunt. Philosophiae huic naturam, deinde gravitatis et impulsus in infinitam lineam horizontalem, quem vim centrifugam esse contendit, originem ignoranti permittendum quidem est, Deo omnia tribuere, sed postulandum, ut recte de Deo ejusque agendi ratione philosophetur, et naturam ignorans Deum vere cognoscat. Ejus autem actio neque externa aut mechanica neque arbitraria aut fortuita est; vires ergo, quas Deum materiae dedisse dicunt, materiae vere inesse statuendum est, et iis materiae naturam constitui, quae principium virium oppositarum immanens et internum sit; verum mechanica ab hac notione refugit, neque Deum neque veram vim neque quid sit internum et necessarium intelligens, sed inertem materiam ab externo semper impulsu, seu quod idem est, a viribus materiae ipsi alienis moveri dictitans:

ten Entgegensetzung. Darum muss man alle Mannigfaltigkeit, der man in der Materie begegnet, auch die durch Bewegung sich offenbarende, ihr von anderswoher angetan werden lassen. Nun erkennt man aus Experimenten und durch Induktion, die Schwere sei eine Eigenschaft der gesamten Materie. Nach der zweiten Regel des Philosophierens, die Newton aufstellt, sind für natürliche Wirkungen derselben Art dieselben Ursachen anzunehmen, z. B. für den Fall der Steine in Europa und in Amerika. Ferner muss man nach der dritten Regel die Eigenschaften, die den Körpern zukommen, an denen man experimentieren kann, als Eigenschaften aller Körper anerkennen. Während also die Erfahrung lehrt, dass die Materie schwer ist, aber die Art der Schwerkraft, nach der ein Stein auf den Boden fällt, von der, die in den Gestirnen und besonders in den zu unserem Sonnensystem gehörigen und keineswegs zur Erde fallenden Himmelskörpern wirkt, offenbar ganz verschieden ist, stellen jene Experimentalphilosophen für die Erscheinung eine andere Ursache auf, nämlich die Zentrifugalkraft. Diese Philosophie kennt weder die Natur noch den Ursprung der Schwerkraft oder den des Antriebs in unendlich waagrechter Linie, den sie als Zentrifugalkraft erklärt. Man muss ihr also wohl erlauben, dass sie das alles Gott zuschreibt, aber gleichzeitig darf man auch fordern, dass sie über Gott und seine Weise zu wirken richtige Gedanken entwickle und, wenn sie schon von der Natur nichts weiß, doch Gott nach seiner Wahrheit erkenne. Gottes Wirken aber ist weder äußerlich oder mechanisch noch willkürlich oder zufällig; deshalb muss man festhalten, dass die Kräfte, von denen behauptet wird, dass Gott | sie der Materie gegeben habe, dieser auch wahrhaft innewohnen und die Natur, das immanente und innerliche Prinzip der entgegengesetzten Kräfte der Materie ausmachen. Die Mechanik aber scheut vor diesem Prinzip zurück; sie versteht weder von Gott noch von wirklicher Kraft, noch von dem Innerlichen und Notwendigen etwas, sondern versichert, die träge Materie werde immer durch einen Antrieb von außen, oder was dasselbe besagt, von Kräften, die nicht in der Materie selbst liegen, bewegt. So nur auf äußere Ursachen quum igitur in causis externis versetur, neque naturam ratione concipiat, nequit pervenire ad principium identitatis quod in se ipso differentiam ponat, et philosophiae tandem redditum tum philosophiam ipsam restituit, tum mechanicam a physica separavit, physicamque, quae per solum dynamicae nomen a mechanica non sejungitur, philosophiae reddidit: atque ex hoc principio systematis planetarum elementa intelligamus, brevibusque proponamus.

Gravitas materiam ita constituit, ut materia sit objectiva gravitas; una eademque est materia, quae se ipsam in polos dirimens lineam cohaesionis format, et in serie evolutionum per differentem rationem factorum, diversas species fert. – Ab hac gravitatis reali differentia distinguamus alteram idealem, sive potentiarum temporis et spatii; duplicitate enim posita, duplex duplicitas altera polorum, altera potentiarum, sive quatuor regiones ponendae sunt.

Dicamus primum de linea cohaesionis, quam gravitas constituens, et se ipsam in omnibus punctis simul mutua factorum in se invicem ratione diversis ponens, seriem | nodorum centrorumque sui ipsius producit, quorum unumquodque, reliqua quidem rationum multitudine non caret, sed eas in principii ipsi proprii potestatem redactas sua lege et individua organisatione continet. Systema solis, quod talem lineam exprimit, reliquis majus est, quoniam linea cohaesionis ibi disrupta, unumquodque corpus centrum gravitatis non quidem absoluta sed majori potestate quam alia corpora in se gerit; neque enim est corpus, quod quamsich einlassend, ohne die Natur vernünftig zu begreifen, kann sie das Prinzip der Identität nicht erfassen, das in sich selbst die Verschiedenheit setzt. Die Philosophie hat endlich dies Prinzip wiedergewonnen und damit sich selbst wiederhergestellt, zugleich aber auch Mechanik und Physik voneinander getrennt und die Physik, die der bloße Name Dynamik noch längst nicht von der Mechanik loslöst, der Philosophie zurückgegeben. Aus diesem Prinzip wollen wir denn auch die Elemente des Planetensystems zu erkennen und in Kürze zu entwickeln versuchen.

[II.]

Die Schwere ist in der Weise für die Materie konstituierend, dass die Materie die objektive Schwere ist. Es ist eine und dieselbe Materie, die selbst in zwei Pole auseinandertritt, eine Kohäsionslinie bildet und in einer Reihe von Entwicklungen durch das verschiedene Verhältnis der Faktoren mannigfaltige Gestalten annimmt. Von dieser realen Verschiedenheit der Schwere ist nun die ideale zu unterscheiden, nämlich die Verschiedenheit der Potenzen Raum und Zeit; denn auf Grund der Setzung einer Gedoppeltheit ist eine zweifache Gedoppeltheit, die eine der Pole, die andere der Potenzen, oder es sind vier Richtungen zu setzen.

Wir reden zunächst von der Kohäsionslinie, die durch die Schwere bestimmt wird. Die Schwere selbst setzt sich in allen Punkten, die zugleich unter sich durch das wechselseitige Verhältnis der Faktoren verschieden sind, und bringt eine Reihe von Konten- und Mittelpunkten ihrer selbst hervor, deren jeder zwar der Vielheit der übrigen Verhältnisse nicht ermangelt, aber sie der Macht seines eignen Prinzips unterworfen hat und sie nach seinem besonderen Gesetz und seiner eigentümlichen Organisation zusammenhält. Das Sonnensystem, der Ausdruck | einer solchen Linie, ist größer als die sonstigen Kontenpunkte, weil hier die Kohäsionslinie auseinanderspringt und jeder Körper als eigener Mittelpunkt der Schwere von zwar nicht absoluter, aber doch größerer Selbständigkeit als bei andern Körpern dem System eingegliedert ist. Es gibt nämlich keinen Körper, vis in se totum sit, non ab aliis pendeat, et pars atque organon majoris systematis sit; corporibus itaque coelestibus non perfecta sed maxima competit libertas, et gravitatis independentia. Neque ergo casu quodam ex infinito spatio planetae rectilineo cursu vagati, solis forte vicinitatem praetereuntes, sub ejus legem et inde in orbitas circulares coacti sunt; neque illa hypothesis vis centrifugae eos a sole detinet, sed unum cum sole primitivum systema formantes vi vera cohaesionis tum continentur tum arcentur.

A puncto autem indifferentiae, quod ubi ut in magnete, et deinde in vecte, qui naturalem magnetismi lineam in materia mortua imitatur, exprimitur, medium est, diversum est centrum virium: indifferentia enim quum sit neutra, nullam vim exercet, ad quam conditio differentiae pertinet: centra itaque virium intra lineam quidem sed non in medio posita sunt, eaque sunt corpora; nihil enim aliud est corpus quam vis physicae, sive verae ideae phaenomenon. Newton quidem centrum gravitatis, sive indifferentiae non in sole ponendum esse ideo censuit, quoniam ab attractionibus planetarum, aliquantum loco moveatur: quum enim ad explicandum corporum coelestium motum nihil sumat, nisi mutuas corporum attractiones, qua hypothesi centrum aliquod non immediate ponitur, ad demonstrationes autem propositionum de motibus curvilineis pervenire non possit, nisi posito orbitarum centro, in libri I. sect. XI. in qua ad motum corporum viribus centripetis mutuo se petentium accedit, corpoder, auch wenn er in sich ein Ganzes ist, nicht doch von anderen abhängig und ein Teil und Glied eines größeren Systems sei. Darum besitzen auch die Himmelskörper keine vollkommene, aber doch die größte Freiheit und Unabhängigkeit der eigenen Schwere. Also haben die Planeten nicht etwa zuerst in geradliniger Bahn den unendlichen Raum durcheilt und sind dann einmal zufällig beim Vorbeigehen an der Sonne unter deren Bann und infolgedessen in kreisförmige Bahnen gezwungen worden. Und ebenso wenig hält sie eine hypothetische Zentrifugalkraft von der Sonne im bestimmten Abstande, sondern sie bilden mit der Sonne ein ursprüngliches System und werden durch wahrhafte Kraft ihres inneren Zusammenhanges sowohl miteinander verbunden wie voneinander entfernt gehalten.

Der Mittelpunkt der Kräfte ist unterschieden von dem Indifferenzpunkte; dieser nämlich bildet, wo er wie im Magneten und dann im Hebel zum Ausdruck kommt, der die natürliche Linie des Magnetismus in der toten Materie nachbildet, eine wirkungslose Mitte. Denn da die Indifferenz neutral ist, übt sie keine Kraft aus, und die Bestimmung des Unterschiedes gehört doch zur Kraft. Deshalb sind auch die Kraftpunkte zwar innerhalb der Kohäsionslinie gesetzt, aber nicht in der Mitte, und diese Kraftpunkte sind eben die Himmelskörper. Denn ein Körper ist nichts anderes als die Erscheinung einer physischen Kraft oder einer wirklichen Idee. Newton zwar meinte, der Mittelpunkt der Schwerkraft oder Indifferenzpunkt dürfe deshalb nicht in der Sonne angenommen werden, weil diese durch die von den Planeten ausgeübte Anziehung ein wenig von ihrem Platze rücke. Er benutzt aber, um die Bewegung der Himmelskörper zu erklären, ausschließlich die gegenseitige Anziehung der Körper, und durch diese Hypothese lässt sich nicht unmittelbar irgendein Mittelpunkt für das System finden. Aber zu einem Beweis seiner Sätze über die kurvenförmige Bewegung kann er doch nicht kommen, ohne ein Zentrum der Kreisbahnen zu setzen. Darum macht er im 12. Abschnitt des 1. Buches, wo er auf die Bewegung der Körper zu | sprechen kommt, die durch Zentripetalkräfte gegenseitig zueinanderstreben, die Annahme, rum attractorum et attrahentium actiones esse quidem mutuas, ut neutrum quiescere possit, ambo autem attractione ista mutua quasi circum gravitatis commune centrum revolvi sumit, atque ad legum Coroll. quartum provocat, in quo autem nihil aliud, quam commune gravitatis centrum corporum duorum vel plurium ab actionibus corporum in se mutuis non mutare statum suum vel motus vel quietis, nequaquam autem necessitatem centri veri et realis aut corporis centralis reperis; commune igitur illud centrum gravitatis est punctum mere mathematicum, solemque centrum virium aut illi centro proximum esse, non necessitati, sed casui, qui maximam ei dedit massam, tribuendum erit: et immensitas massae solaris, ad cujus notionem densitas pertinet, iterum hypothesi, qua omnis vis à massa pendet, nititur. Verum autem virium centrum esse necessario lucis fontem, et in ea re solis veram vim et virtutem ponendam esse, physica philosophia docet. – Hoc centrum virium non in medio positum esse diximus; nam ut per lineam cohaesionis duo externi poli, ita duo interna virium centra constituuntur; internam duplicitatem in magnetis punctis culminantibus eandemque in ellipseos umbilicis | cognoscimus, cujus axis principalis vera magnetismi linea est. Puncta haec culminantia ita disposita sunt, ut eorum utrumque opposito polo propius, quam illi sit, in quem vim suam exercet, polus internus +M ergo inter punctum indifferens et polum externum –M; eodemque modo internus –M inter medium et externum +M sit. Cum autem systema planetarum fracta linea cohaesionis sit, neque unum corpus continuum formet, atque ut postea videbimus unum idemque corpus utrumque polum efficiat, unum tantum reale virium punctum culminans est, sol in dass die anziehenden und die angezogenen Körper zwar gegenseitig tätig seien, so dass keiner ohne Wirksamkeit sei, dass aber beide durch jene gegenseitige Anziehung gleichsam um ein gemeinsames Zentrum der Schwerkraft herumbewegt werden. Und er beruft sich dabei auf das vierte Korollarium seiner Gesetze, indem aber nichts anderes gesagt ist, als dass ein gemeinsames Zentrum der Schwerkraft zwischen zwei oder mehr Körpern wegen der auf sich gegenseitig gerichteten Wirksamkeit der Körper seinen Stand der Bewegung oder der Ruhe nicht ändere. Von der Notwendigkeit dagegen eines wahrhaften, wirklichen Zentrums oder eines Zentralkörpers ist nichts dort zu finden. Jenes gemeinsame Zentrum der Schwerkraft also ist ein mathematischer Punkt, und es ist nicht der Notwendigkeit zu verdanken, dass die Sonne das Kräftezentrum oder doch ihm ganz nahe ist, sondern dem Zufall, der ihr die größte Masse gegeben hat. Die Annahme aber einer unermesslich großen Masse der Sonne, zu deren Begriff auch die Dichtigkeit gehört, wird wieder durch die Hypothese, nach der jede Kraft von der Masse abhängig ist, gestützt. Demgegenüber lehrt die Naturphilosophie, das wahre Kräftezentrum sei notwendig die Lichtquelle und darin allein sei die wahre Kraft und Vollkommenheit der Sonne zu suchen. – Wir haben oben gesagt, dieses Kräftezentrum bilde nicht die Mitte. Denn wie durch die Kohäsionslinie zwei äußerliche Pole, so werden auch zwei innerliche Kräftezentren hervorgerufen; sehen wir doch die innere Doppelheit in den Kulminationspunkten des Magneten und in den beiden Brennpunkten der Ellipse, deren Hauptachse die wahre Linie des Magnetismus ist. Jene Kulminationspunkte sind so angeordnet, dass jeder von beiden dem entgegengesetzten Pol näher ist als dem, auf den er seine Kraft ausübt, dass also der innere Pol +M zwischen dem Indifferenzpunkt und dem äußeren Pol –M und ebenso der innere Pol –M zwischen der Mitte und dem äußeren Pol +M liegt. Da aber das Planetensystem eine unterbrochene Kohäsionslinie und nicht bloß einen zusammenhängenden Körper bildet und da, wie wir nachher sehen werden, immer ein und derselbe Körper beide Pole aus sich heraussetzt, so gibt es nur einen realen altero umbilico ellipseos, cujus alter coecus et mere mathematicus est: magnetismi igitur naturalis linea in formam penduli naturalis transit, ut pendulum mechanicum vectem incompletum altero polo amisso efficit, quem corpus pendens gravitati succumbens procreare nequit. Hac rectilinea et virtuali non autem rigida corporum serie pro basi totius systematis posita corpora ad se invicem referri, et systema quidem sed non unum corpus formando, naturae, quae vim hic in lineae forma existentem forma corporis indui vult, non satisfieri videmus.

Differentia reali polorum, et linea cohaesionis ita intellecta, ad alteram differentiam, idealem sive potentiarum, subjecti et objecti transeamus. – Si materia ita concipitur, ut sit spatium repletum, forma caret, spatiumque et materia nihil aliud est, quam abstracta objectivi notio: ut materiae physica et realis notio intelligatur, ponenda est etiam sub forma subjectivitatis, punctumque in spatio ponendum, quod abstractio quidem est a spatio, sed ita ut simul ad illud referatur: in materiae ut repleti, et ut ita dicam densi spatii eamque ob causam quiescentis notione, resistentiae quidem contra aliam materiam in eundem locum urgentem notio inest, sed mere negativa et inanis; spatio enim repleto omne mutationis atque resistentiae principium sublatum est, quod itaque aliunde petendum. Ut realem materiam intelligamus, spatii abstractae notioni contraria sive subjectivitatis forma addenda est, quam voce magis latina mentem, et si ad spatium referatur, punctum, appellemus. Quo modo punctum, aut sub differentiae

Kräftepunkt: die Sonne in dem einen Brennpunkt der Ellipse, deren anderer Brennpunkt dunkel und ein rein mathematischer Punkt | ist. So geht die Linie des natürlichen Magnetismus in die Form des natürlichen Pendels über, wie das mechanische Pendel einen unvollständigen Hebel bewirkt, da der eine Pol fortgefallen ist, den ein herabhängender und der Schwerkraft unterliegender Körper nicht erzeugen kann. Wir sehen, dass wenn man diese geradlinige und wirksame, doch aber nicht starre Reihe von Körpern zur Basis des ganzen Systems machen wollte, zwar die Körper wechselweise aufeinander bezogen werden und ein System, aber nicht einen einzigen Körper bilden, aber doch der Natur, die darauf hinzielt, dass eine Kraft, die hier nur in Form einer Linie existiert, in Form eines Körpers sich darstelle, nicht genug getan wird.

Haben wir so den realen Unterschied der Pole und der Kohäsionslinien erkannt, wollen wir zu dem anderen, dem idealen Unterschied übergehen, nämlich dem der Potenzen oder dem des Subjekts und des Objekts. Die Materie, als erfüllter Raum gefasst, entbehrt der Form, und Raum und Materie sind nichts anderes als der abstrakte Begriff des Objektiven. Will man aber den physikalischen und realen Begriff der Materie erkennen, so muss man sie auch in Form der Subjektivität und im Raume den Punkt setzten, der zwar eine Abstraktion vom Raum ist, aber so, dass er auf ihn bezogen ist. Im Begriff der Materie als des erfüllten und sozusagen dichten Raumes, der deshalb auch träge ist, liegt wohl der Begriff des Widerstandes gegen jede andere Materie, die in denselben Raum eindringen will; er bleibt aber rein negativ und inhaltsleer. Denn ist einmal der Raum gefüllt, so ist jeder Anlass zu Veränderung und Widerstand aus ihm selber beseitigt und muss deshalb von anderswoher genommen werden. Um die reale Materie zu erkennen, muss also dem abstrakten Begriff des Raumes die entgegengesetzte Bestimmung, die der Subjektivität, hinzugefügt werden, die wir mit dem mehr lateinischen Ausdruck *mens* [deutsch: „Sinn", „Geist"] und in Bezug auf den Raum Punkt nennen wollen. Auf diese Wiese bilden einerseits der Punkt oder unter der ihm eigenen Form ipsi propria forma, tempus, atque spatium elementa constituunt materiae, quae quidem non ex iis conflata, sed eorum principium est. Ex hac interna et primitiva oppositarum potentiarum orientis et occidentis, – poli enim quiescunt – identitate et differentia necessitas mutationis atque motus intelligitur; nihil enim est mutatio aliud, quam aeterna identitatis ex differentia restitutio et nova differentiae productio, contractio et expansio. Potentiarum autem altera, mens, quae se ipsam producens, facta spatii abstractione, tempus est, quantum hanc sui productionem ad spatium refert, lineam constituit: et linea mens quidem se ipsam sed in forma subjectiva producens, et in se reclusa est: perfectam autem et naturalem formam sibi sumit in contrarium, sive spatium transiens et planum constituens, quod, quia nullam aliam quam ipsam mentis et extensionis differentiam posuimus, omni alia differentia caret, atque quadratum est. |

A quo temporis in spatium transitu, reflexio aliena esse videtur, in mathematicis quidem a rebus ipsis abstrahens, numerosque et mensuras earum, neque res ipsas incommensurabiles, quales tempus et spatium esse ipsi videntur, comparare putans. Quamvis autem geometria et calculus rerum ipsarum obliviscatur, et lineas et numeros tantum tractet, iis quae per operationes calculi aut demonstrationes geometricas inveniuntur, significatio ad res ipsas pertinens tribuitur, ut non quantitates solum sed res ipsas comparatas esse pateat. Deinde in alia forma illo incommensurabilium in se mutuo transitu mathesis utitur, lineam in planum, planum in corpus extendens; hanc identitatem incommensurabilium infiniti nomine plerumque tegit, planum ex innumeris lineis etc. constare dicens; porro multorum numerorum rationes der Selbstunterscheidung die Zeit und andererseits der Raum die Elemente der Materie, die also nicht aus ihnen zusammengewürfelt, sondern ihr Urgrund ist. Auf diese innere und ursprüngliche Identität und Verschiedenheit der entgegengesetzten Potenzen des Ostens und des Westens – denn die Pole bleiben ruhend – gründet sich die Notwendigkeit der Veränderung und der Bewegung; denn | die Bewegung ist nichts anderes als die ewige Wiederherstellung der Identität aus dem Unterschied und die neue Erzeugung der Differenz – Systole und Diastole. Die andere Potenz aber, der Sinn [Geist], der, indem er sich selbst produziert und vom Raum abstrahiert, die Zeit ist, bildet, soweit er diese seine Selbsterzeugung auf den Raum bezieht, die Linie, und die Linie ist der Sinn [Geist], der sich selbst, aber in subjektiver Form erzeugt und in sich verschlossen ist; er gewinnt aber eine vollkommene natürliche Form, indem er in sein Gegenteil, den Raum, übergeht und die Ebene bildet, die, weil wir keinen anderen Unterschied als den des Sinnes [Geistes] und der Ausdehnung selbst gesetzt haben, jeden anderen Unterschieds ermangelt und ein Quadrat ist.

Die Reflexion freilich scheint mit diesem Übergange der Zeit in den Raum nichts anfangen zu können. Sie abstrahiert in der Mathematik von den Dingen selbst und will wohl ihre Zahlen und Maße, nicht aber die inkommensurablen Dinge selbst, wofür sie Raum und Zeit ansieht, vergleichen. Obwohl aber die Geometrie und das rechnerische Verfahren [Infinitesimalrechnung] die Dinge selbst beiseitesetzt und nur Linien und Zahlen behandelt, schreibt man doch den Ergebnissen aus Rechenoperationen oder geometrischen Beweisen einen Sinn zu, der die Dinge selbst betreffen soll, und hat also sichtlich nicht bloß die Größen, sondern die Dinge selbst berechnet. Ferner bedient sich auch die Mathematik in anderer Form dieses wechselseitigen Übergangs inkommensurabler Dinge, indem sie die Linie sich zur Ebene, die Ebene sich zum Körper ausgestalten lässt, und deckt diese Identität der Inkommensurablen meistens mit dem Namen des Unendlichen, indem sie die Ebene aus unendlich vielen Linien usf. bestehen lässt. Sodann drückt sie die Bezieinfinitis seriebus exprimens absolutam reflexionis diversitatem excessisse et incommensurabilia comparâsse fatetur: praesertim autem altior quae vocatur geometria, planum ad lineam, utrumque ad infinitam exiguitatem i. e. ad punctum redigit: analysis autem ex punctis lineam sed infinitam construit. Neque quomodo ex puncto linea ex linea planum etc. fiant, aliter concipitur quam accersita notione motus, i. e. antea tempore et spatio identice ponendis. Quum lineam esse mentem se ipsam in sua ipsius forma subjectiva producentem transitumque ejus in speciem sui vere objectivam esse quadratum vidissemus, productum contra, quod ad naturam naturatam pertinet, est cubus; spatii enim omni mentis abstractione facta se ipsum producentis tres sunt dimensiones; corpusque quod fit, est quadratum, corpus autem quod est, cubus. Corporum itaque a se sejunctorum ratio quum sit linea, i. e. relatio subjectiva, forma objectiva carens, quando eam differentiam tollunt in unum corpus, altero in alterum cadente, se constituentia, lineam mutant in quadratum; lex itaque lapsus est ratio quadrati distantiae, sive lineae in quadratum commutatae.

In qua re alii differentiae locus est, ut differentia corporum duorum aut vere tollatur, aut maneat i. e. ut ex iis aut unum corpus reale fiat, aut ideale: illud efficitur per lapsum liberum, hoc per motum circularem. In lapsu simpliciter elementum quadrati per unitatem temporis summam, sive per lineam arbitraria quadam mensura divisam et numeris expressam, exponitur: in motu autem circulari, quo corpus ideale producitur, corporum differentia, atque inde temporis et spatii ex una parte manet, quorum hungen der vielen Zahlen durch unendliche Reihen aus und gesteht damit zu, dass die absolute Mannigfaltigkeit der Reflexion ausgeartet ist und Inkommensurables zu messen unternommen hat. Besonders aber der höhere Teil der Mathematik, die Geometrie, führt die Ebene auf die Linie und dann beide auf den Punkt, d. h. auf das unendlich Kleine zurück, während die Analysis aus Punkten die Linie, und zwar die unendliche, konstruiert. Wie aber aus dem Punkt die Linie, aus der Linie die Ebene usf. entstehen können, lässt sich nicht anders begreifen als durch Zuhilfenahme des Begriffs der Bewegung, d. h. dadurch, dass man zuerst Raum und Zeit identisch setzt. Nun haben wir gesehen, | dass die Linie der Sinn ist, der sich selbst in seiner eigenen subjektiven Form hervorbringt und dass sein Übergang in seine wahrhaft objektive Gestalt das Quadrat ist. Dagegen ist das Erzeugnis, das der *natura naturata* [hervorgebrachten Natur] zugehört, der Würfel; denn wenn der Raum unter gänzlicher Abstraktion von dem Sinn [vom Geist] sich selbst hervorbringt, so gibt es drei Dimensionen: Der entstehende Körper ist ein Quadrat, der seiende hingegen ein Würfel. Da also die Beziehung der voneinander getrennten Körper die Linie, d. h. die subjektive Beziehung, ist, die der objektiven Gestalt entbehrt, so wandeln die Körper, wenn sie jene ihre Getrenntheit aufheben und durch den Fall des einen auf den andern zu einem Körper werden, die Linie ins Quadrat um: daher ist das Fallgesetz das Verhältnis des Quadrats der Entfernung oder der ins Quadrat umgewandelten Linie.

Hier tut sich noch ein zweiter Unterschied auf, nämlich, dass die Verschiedenheit zweier Körper entweder tatsächlich aufgehoben werde oder bestehen bleibe, d. h. dass aus ihnen entweder wirklich ein Körper werde oder einer nur in der Idee; jenes vollzieht sich durch den freien Fall, dies durch die Kreisbewegung. Im Fall stellt sich durch die Summe der Zeiteinheiten oder durch eine nach willkürlich gewähltem Maße geteilte und durch Zahlen bestimmte Linie einfach das Element des Quadrats dar; in der Kreisbewegung, die den idealen Körper hervorbringt, bleibt die Verschiedenheit der Körper und damit auch der Zeit und illud tempus periodicum, hoc autem distantiam corporum efficit: tempus autem periodicum cum spatio, quod a corpore percurritur, et angulum cum spatio distantiae facit, conferendum, eaque synthesis quae quantitatem motus efficit, ipsum est quadratum. Duo itaque ejus, quam materiem motus vocant et quae totam duorum circa se moventium corporum rationem exprimit, elementa sunt, | linea distantiae et motus quadratum: unde totius, quod ex duobus his elementis conjungitur, quantitas, erit cubus sive corpus; et quoniam gravitas una eademque semper est, cubus omnium ut de his loquamur, planetarum idem est: ex quo celeberrima illa Kepleri lex facile efficitur.

Ex his, quae docuimus, lemmata matheseos philosophica mutuanda sunt, atque inde theorematum, universam fere mathesin adplicatam fundantium, et ad nostram usque aetatem veris demonstrationibus, quae mathematice fieri nequeunt, carentium demonstrationes deducendae sunt: cujus rei viam notionibus quas exhibuimus tentare voluimus. Hac temporis et spatii syntheseos expositione, et mentis sive lineae in quadratum transitu, nititur vulgaris illa virium resolutio, cujus mathematica veritas et necessitas postulatur, quae physica autem veritate destituitur. Facilis inde ad mechanicae leges quae physicas ad materiam mortuam transfert, via patet; leges autem ipsae a natura non a mechanica naturam imitante petendae. Ad rem nostram redeamus.

Corporibus igitur coelestibus per cohaesionis lineam ratio distantiarum, de qua postea videbimus, determinata est: eorum massae a se invicem sejunctae, centra densitatis raritati aetheris opposita, puncta summae contractionis opposita summae expandes Raumes in einer Hinsicht bestehen; die Zeit bestimmt die Perioden des Umlaufs, der Raum den Abstand der Körper. Doch muss man die Umlaufsperiode und den Raum, den der Körper durchläuft, zueinander in Beziehung setzen, und diese Synthese, die die Größe der Bewegung bestimmt, ist das Quadrat selbst. So gibt es zwei Elemente der sogenannten Materie der Bewegung, in der das ganze Verhältnis zweier sich umeinander bewegender Körper ausgedrückt wird, den Abstand als Linie und die Bewegung als Quadrat; die Größe des Ganzen, das sich aus diesen beiden Elementen gestaltet, wird sich deshalb als Würfel oder Körper darstellen, und da ja die Schwerkraft immer eine und dieselbe ist, so ist, um auf die Planeten zu exemplifizieren, der Würfel aller Planeten der gleiche: hieraus ergibt sich leicht jenes berühmte Keplersche Gesetz.

Aus unseren Darlegungen sind die philosophischen Lehnsätze für die Mathematik zu entnehmen und die Beweise abzuleiten | für die Theorien, die fast der ganzen angewandten Mathematik zugrunde liegen und bis zu unseren Tagen wirklicher Beweise, die niemals auf mathematische Weise geliefert werden können, ermangeln. Den Weg dazu haben wir durch die Begriffe, die wir entwickelt haben, zu beschreiten unternommen. Auf der von uns dargelegten Synthese des Raumes und der Zeit und dem Übergang des Sinnes [Geistes] oder der Linie in das Quadrat beruht jene landläufige Spaltung der Kräfte, die man als mathematisch richtig und notwendig postuliert, die aber ganz ohne physische Wahrheit ist. Von da aus ist der Weg leicht zu den Gesetzen der Mechanik, die auf die tote Materie Naturgesetzte überträgt; die Gesetze selbst aber muss man von der Natur, nicht von der Mechanik herholen, die bloß die Natur nachahmen will. Doch kehren wir zu unserem Gegenstand zurück.

Den Himmelskörpern also ist durch ihre Kohäsionslinie das Verhältnis ihrer Abstände voneinander vorgeschrieben, auf das wir nachher noch kommen werden; ihre voneinander gegenseitig getrennten Massen bilden Dichtigkeitszentren, die zu der Dünne des Äthers im Gegensatze stehen, Punkte der stärksten Zusammenziehung im Gegensatz zu der stärksten Ausweitung.

sioni formant: unde physici aetheri absolutam elasticitatem et vim repulsivam, attractivam autem corporibus tribuunt, ad quae sola vim gravitatis, et nihil ad aetherem referunt. Hanc oppositionem summae densitatis et summae raritatis, ejusque oppositions phaenomenon, separationem corporum primitiva naturae identitas tollere, linea autem virtualis in quadratum abire, atque formam et corpus induere studet; qui nisus phaenomenon motus est. Quoniam autem illud corporum coelestium systema non in unam massam coagulari, neque in tristem naturae naturatae statum et corporum sortem decidere sed rationis vivam expressionem suique imaginem esse voluit natura, non corpus reale, sed ideale, i. e. quadratum motu curvilineo producitur: corpus igitur quod eorum linea induit, nihil aliud est, quam illud spatium, quod corpora in orbem gyrantia amplectuntur. Unde circularem motum si ex opposito definire velimus, sublatum corpus sive reductionem corporis seu cubi per quadratum esse et sublimem Kepleri legem hac notione exprimi dicamus.

In circulo formali aequalis distantiae notio a puncto peripheriam efficit: et primitivus ejus character est, ne aliqua diameter neque aliquis peripheriae locus reliquis infinite multis excellat. Unde ex primitiva cohaesionis linea, si differentia corporum sola neque naturae nisus ea in unum corpus conjungendi ponitur, ad motum perveniri nequit: si vero ex vi attractiva corporis centralis, et centrifuga corporis in orbem revoluti circulus mechanice construi possit, quomodo ad diametri alicujus excellentiam et ad

Daher schreiben die Physiker dem Äther die absolute Elastizität und abstoßende Kraft, den Körpern aber die Anziehungskraft zu und verbinden allein mit den Körpern, nicht aber mit dem Äther die Schwerkraft. Nun strebt aber die ursprüngliche Identität der Natur, diesen Gegensatz der äußersten Dichte und Dünne und die Erscheinung dieses Gegensatzes, die Getrenntheit der Körper, wieder aufzuheben, die wirksame Linie aber strebt, sich zum Quadrat umzuformen und körperliche Gestalt anzunehmen, und dieses Streben ist die Erscheinung der Bewegung. Da aber die Natur bestimmt hat, dass dieses System der Himmelskörper nicht zu einer Masse zusammengerinne oder in den traurigen Zustand der *natura naturata* [hervorgebrachten Natur] und in das Los der ihr zugehörigen Körper hinuntergleite, sondern einen lebendigen Ausdruck der Vernunft und deren Abbild darbiete, so wird kein solider Körper, sondern ein idealer, das heißt durch krummlinige Bewegung ein Quadrat hergestellt: denn der Körper, mit dem ihre Linie sich bekleidet, ist nichts anderes als jener Flächenraum, den die Körper mit ihrer kreisförmigen Bewegung umschreiben. Wenn wir also die Kreisbewegung durch ihren Gegensatz definieren wollen, so müssen wir sagen, sie sei die Aufhebung des Körpers oder seine, | d. h. des Kubus Zurückführung ins Quadrat, und durch diesen Begriff werde das erhabene Keplersche Gesetz zum Ausdruck gebracht.

Im reinen Kreis wird durch den Begriff des gleichen Abstandes von einem Punkt die Peripherie bestimmt, und sein ursprünglicher Charakter besteht darin, dass kein einziger Durchmesser und kein Punkt der Peripherie vor den unendlich vielen anderen irgendetwas voraushaben. Darum gibt es, wenn man einzig die Verschiedenheit der Körper und nicht auch das Streben der Natur annimmt, sie in einen Körper zu vereinigen, keinen Weg von der ursprünglichen Kohäsionslinie zu der Bewegung der Körper. Wenn sich aber in der Weise der Mechanik aus der Anziehungskraft eines Zentralkörpers und der Zentrifugalkraft eines im Kreis bewegten Körpers eine Kreislinie konstruieren ließe, auf welchem Wege könnte man zu der Heraushebung cohaesionis lineam ejusque puncta culminantia atque ad ellipsin perveniatur? |

Quamvis in systemate solari corpora disjuncta sint et rigida cohaesionis linea sublata in motum abeat, vis ejus neutiquam in indifferentia omnium diametrorum formalis circuli perditur: sed vim suam, in orbitarum axem se constituens, et polaritatem in mutatione motus, ab altero polo retardati, ab altero accelerati exserit: in Aphelio retardat, in quo puncti culminantis sive solis maxima, in Perihelio autem accelerat, in quo minima illa, maxima autem insita corporis vis est. Huc perturbationes planetarii motus referendae sunt, quae infirmioris cujusdam et cito praetereuntis atque prima cohaesione facile subactae cohaesionis formationes sunt.

Denique ut differentiae magnetismi reali idealem quidem potentiarum differentiam opposuimus, etiam realis ipsa differentia sub forma duplicis differentiae existere, et realem lineam Occidentis et Orientis formari breviter monendum est, eamque item corporum, quae Cometas appellamus, quoniam Oriens atque Occidens sub lege differentiae potentiarum est, in immensarum Absidum orbitis revolutorum.

Superest, ut his quaedam de ratione distantiarum planetarum addam, quae quidem ad experientiam solam pertinere videntur. Verum mensura et numerus naturae a ratione alieni esse nequeunt: neque studium et cognitio legum naturae alia re nituntur, quam quod naturam a ratione conformatam esse credamus, et de identitate omnium legum naturae nobis persuasum sit. Illam identitatem rationis et naturae, qui ex experientia et per eines bestimmten Durchmessers, zur Kohäsionslinie mit ihren Kulminationspunkten und zur Ellipse gelangen?

Zwar sind im Sonnensystem die Körper voneinander getrennt, und die starre Kohäsionslinie ist in ihm aufgehoben und in die Bewegung übergegangen, aber ihre Kraft ist darum doch nicht in der Indifferenz der sämtlichen Durchmesser eines reinen Kreises verloren gegangen, sondern sie zeigt ihre Kraft dadurch, dass sie sich in die eine Achse der Bahnen einsetzt und die Polarität im Wechsel der Geschwindigkeit bewirkt, die am einen Pol der Achse beschleunigt, am anderen verlangsamt wird. Im Aphelium hält sie zurück, im Perihelium beschleunigt sie, in jenem ist die größte Kraft des Kulminationspunktes oder der Sonne, in diesem aber, wo jene Kraft am kleinsten ist, die größte, dem Körper einwohnende Kraft vorhanden. Hierauf beziehen sich die Störungen der Planetenbewegungen, die Bildungen einer schwächeren, schnell vorübergehenden und durch die oberste Kohäsion leicht überwundenen Kohäsion sind.

Endlich, wie wir dem realen Unterschiede des Magnetismus eine ideale Verschiedenheit der Potenzen gegenüber gestellt haben, müssen wir kurz darauf hinweisen, dass der reale Unterschied auch selbst unter der Form einer doppelten Unterscheidung existiere, dass eine reale Linie des Westens und Ostens gebildet wird und diese ebenso den Körpern zukomme, die wir Kometen nennen und die, weil der Osten und der Westen unter dem Gesetz des Unterschiedes der Potenzen stehen, in den Bahnen unmessbarer Krümmungen sich umwälzen. |

[III.]

Diesen Ausführungen habe ich nun noch einige Bemerkungen zu den Planetenabständen hinzuzufügen. Diese Abstände festzustellen scheint rein eine Sache der Erfahrung zu sein. Indessen können unmöglich Maß und Zahl in der Natur von Vernunft entblößt sein; die Naturforschung und Naturerkenntnis gründet sich ja auf nichts anderes als auf unser Vertrauen, dass die Natur vernünftig aufgebaut sei, und auf unsere Überzeugung von der Identität aller Naturgesetze. Die Naturforscher, die aus der Erinductionem leges quaerunt, ubi forte in legis speciem incidunt, ita agnoscunt, ut inventa gaudeant, et si alia phaenomena ei parum sint consentanea, de experimentis subdubitent, et utriusque omni modo harmoniam constituere studeant. Cujus rei, ratio de qua loquimur distantiarum planetarum, exemplum praebet: quum enim distantiae planetarum rationem quandam progressionis arithmeticae offerant, quinto autem progressionis membro in natura planeta non respondeat, inter Martem et Jovem vere existere et nobis quidem incognitus per spatia coeli vagari putatur, seduloque quaeritur.

Quae progressio quum arithmetica sit, et ne numerorum quidem ex se ipsis procreationem i. e. potentias, sequatur, ad philosophiam nullomodo pertinet. Quantum in philosophicis numerorum rationibus Pythagoraei elaborârint, notum est: et inde traditam et in utroque Timaeo servatam numerorum seriem afferre liceat, quos Timaeus non ad Planetas quidem refert, sed ad quorum rationem Demiurgum Universum conformavisse censet. Series numerorum est 1, 2, 3, 4, 9, 16, 27 : 16 enim pro 8 quem legimus ponere liceat. Quae series si verior naturae ordo sit, quam illa arithmetica progressio, inter quartum et quintum locum magnum esse spatium, neque ibi planetam desiderari apparet.

Horum autem, ut breviter reliqua tradamus, numerorum quadratoquadratorum radices cubicas (ne unitatem omittamus, $\sqrt[3]{3}$ pro ea ponatur)

1,4. 2,56 .. 4,37 .. 6,34 .. 18,75 .. 40,34 .. 81.

rationes distantiarum planetarum esse invenies. |

fahrung und durch Induktion die Naturgesetze finden wollen, erkennen, wenn sie einmal auf die Form eines Gesetzes stoßen, jene Identität der Vernunft und der Natur in der Weise an, dass sie sich des gefundenen Gesetzes freuen und, wenn andere Erscheinungen nicht recht zu ihm passen, an den Experimenten zu zweifeln anfangen und auf alle Weise eine Übereinstimmung zwischen Gesetz und Erscheinung herbeizuführen trachten. Hierüber bietet gerade das Verhältnis der Planetenabstände, von dem wir sprechen, ein Beispiel. Diese zeigen nämlich ein Verhältnis einer arithmetischen Reihe auf. Da aber in der Naturordnung dem fünften Gliede der Reihe kein Planet entspricht, so glaubt man, dass doch zwischen Mars und Jupiter tatsächlich einer existiere und, ohne dass wir ihn kennen, durch den Himmelsraum wandle. – Und eifrig wird nach ihm gesucht.[7] *

Diese Reihe aber entspricht der philosophischen Betrachtung in keiner Weise. Denn sie ist eine arithmetische Reihe und hält sich nicht an die Zahlengebilde, die von den Zahlen aus sich selbst erschaffen werden, an die Potenzen. Nun ist ja bekannt, wie eifrig sich die Pythagoreer mit den philosophischen Beziehungen der Zahlen beschäftigt haben. Es sei darum gestattet, eine Zahlenreihe beizubringen, die von dorther stammt und uns in den beiden Schriften, die den Namen des Timaeus tragen, aufbehalten ist.[8] Timaeus bezieht sie freilich nicht auf die Planeten, sondern lehrt, dass der Demiurg nach ihrer Regel das Universum gebildet habe. Die Reihe dieser Zahlen ist: *

1, 2, 3, 4, 9, 16, 27,

wobei wir uns statt der 8, die im Text steht, 16 zu lesen erlauben. Wenn nun diese Reihe die wahrhaftere Naturordnung angibt als jene arithmetische Progression, dann ist es klar, dass zwischen | der vierten und fünften Stelle ein großer Abstand sich befindet und man dort keinen Planeten zu vermissen braucht.

Geben wir nun kurz das Übrige an, so lässt sich finden, dass wenn man diese Zahlen ins doppelte Quadrat erhoben hat, die Kubikwurzel daraus (um die Einheit nicht wegzulassen, setzen wir $\sqrt[3]{3}$ dafür) die Verhältnisse der Planetenabstände sind:

1,4 – 2,56 – 4,37 – 6,34 – 18,75 – 40,34 – 81.

Jovis autem satellites in ratione, qua quatuor priores planetae progrediuntur, distare videas, nisi quod quartus satelles numerum suum aliquantum excedat. In Saturni autem satellitibus diversa quaedam sed satis memorabilis ratio obtinet: quatuor enim priorum tempora periodica sunt in ratione radicum quadratarum ex 1, 2, 4, 8 et distantiae in ratione radicum cubicarum ex iisdem; et si horarum periodicarum numeros ipsos velis, $\sqrt{-2^9, 2^{10}, 2^{11}, 2^{12}, 22, 32, 45, 64}$ habebis. Quintus satelles ut quintus planeta formalem progressionem mutat; et quum distantiae quatuor priorum fuerint ut radices cubicae ex 1, 2, 4, 8, i. e. ut 1. 1,26. 1,63. 2; ad quartum igitur $\sqrt[3]{8}$ pertineat, ad quintum $\sqrt{8}$ pertinet; sive $\sqrt[3]{(16:32)}$ et series cuborum quorum radices rationem distantiarum exprimant, sunt

$$1, 2, 2^2, 2^3, (2^4:2^5), 2^8, (2^{12}:2^{13})$$

$$\text{sive} \quad . \quad . \quad 2\frac{9}{2} \quad . \quad . \quad 2\frac{25}{2}.$$

Man kann ferner sehen, dass die Trabanten des Jupiters in dem Verhältnis voneinander abstehen, dem die vier ersten Planeten mit der Progression ihrer Abstände folgen, nur dass der vierte Trabant ein wenig über seine Zahl hinausgeht.

Bei den Trabanten des Saturn dagegen herrscht zwar ein abweichendes, aber sehr bemerkenswertes Verhältnis: denn die Umlaufzeiten der vier ersten stehen im Verhältnis der Quadratwurzeln aus 1, 2, 4, 8 und ihre Abstände in dem Verhältnis der Kubikwurzeln aus denselben Zahlen. Die Zahlen aber der Umlaufzeiten selber sind $\sqrt{-2^9, 2^{10}, 2^{11}, 2^{12}, 22, 32, 45, 64}$. Beim fünften Trabanten wie beim fünften Planeten ändert sich die Form der Progression, und wenn die Abstände der vier ersten wie die Kubikwurzeln aus 1, 2, 4, 8 gewesen sind, d. h. 1 – 1,26 – 1,63 – 2, so dass also zum vierten $\sqrt[3]{8}$ gehört, dann gehört zum fünften $\sqrt{8}$ oder $\sqrt[3]{(16:32)}$, und die Reihen der Kuben, deren Wurzeln das Verhältnis der Abstände ausdrücken, sind:[9] *

$$1, 2, 2^2, 2^3, (2^4:2^5), 2^8, (2^{12}:2^{13})$$

$$\text{oder} \quad . \quad . \quad 2\frac{9}{2} \quad . \quad , \quad 2\frac{25}{2}$$

ANMERKUNGEN

Neben den mitgeteilten Quellen finden sich weitere Hinweise, insbesondere auf die naturwissenschaftliche Lektüre Hegels (Newton und dessen frühe Kritiker), und Stellenkommentare in folgenden Schriften:

Bronger, Patrick: „Hegel's Library: The Newton Editions". In: Michael John Petry (Hg.): *Hegel and Newtonianism* (International Archives of the History of Ideas 136). Dordrecht 1993, 711–719.

Ferrini, Cinzia: *Guida al ‚De orbitis planetarum' di Hegel ed alle sue edizioni e traduzioni: la pars destruens: confutazione dei fondamenti della meccanica celeste di Newton e dei suoi presupposti filosofici* (Berner Reihe Philosophischer Studien 18). Bern/Stuttgart 1995.

– „Die Bibliothek in Tschugg. Hegels Vorbereitung für seine frühe Naturphilosophie". In: *Hegel in der Schweiz (1793–1796)* (Hegeliana 8). Hg. v. Helmut Schneider u. Norbert Waszek. Frankfurt a.M. 1997, 237–249.

Köppe, Manuela: *Die Bibliothek Georg Wilhelm Friedrich Hegels II. Abteilungen IV–IX, Anhang* (GW 31,2). Hamburg 2017.

Mense, André: „Hegel's Library: The works on Mathematics, Mechanics, Optics and Chemistry". In: Petry (Hg.): *Hegel and Newtonianism*, a.a.O., 669–709.

Neuser, Wolfgang: *Georg Wilhelm Friedrich Hegel. Dissertatio Philosophica de Orbitis Planetarum/Philosophische Erörterung der Planetenbahnen* (Schriften zur Naturphilosophie 2. *Acta humanioria*). Weinheim 1986.

– „Newtonianismus am Ende des 18. Jahrhunderts in Deutschland am Beispiel Benjamin Martin"; In: *Hegel-Studien* 24 (1989), 195–203.

Zum ganzen Abschnitt II vgl. die zusammenfassende Übersicht von Schellings Naturphilosophie durch Johann Eduard Erdmann: *Versuch einer wissenschaftlichen Darstellung der Geschichte der neuern Philosophie.* Dritte Abteilung. Zweiter Band. Faksimilierter Neudruck in sieben

Bänden, hg. v. H. Glockner. Stuttgart 1931, Band VI, „§ 31. Die Naturphilosophie", 254–289, und „§ 34. Formelle Modificationen des Identitätssystems. 2.", 326–331 sowie 311 f. zum „Indifferenzpunkt". Zahlreiche Aspekte jenes Abschnittes sind zudem in Hegels *Seinslogik* verhandelt. Vgl. GW 21, 377–381.

Nicht ohne Einfluss auf die damalige Spekulation blieb: *Franz Baader, D. und churpfälzischbairischer Bergrath, Ueber das pythagoräische Quadrat in der Natur oder die vier Weltgegenenden.* [Tübingen, bei Cotta] 1798 [Online, ETH-Bibliothek Zürich, *Rar 5355.* Abgerufen am 02.10.2020: https://doi.org/10.3931/e-rara-3849].

[1] (*S. 17*) G. W. F. Hegel, aus dem Berner Fragment (verm. 1796) *Religion …*: „die Objekte beleben, ist sie zu Göttern machen. | Einen Bach betrachten, wie er nach Gesezen der Schwere in die tiefern Gegenden fallen mus, und von dem Boden und den Ufern eingeschrankt und gedrükt wird, heist ihn begreifen – ihm eine Seele geben, als an seines Gleichen Antheil an ihm nehmen, ihn lieben – heist ihn zum Gotte machen." (*Text 41*, GW 2: 8).

[2] (*S. 17*) *glebae adscripti* (an die Scholle gebunden): ein Begriff aus dem Feudalrecht. Vgl. *Naturrecht und Staatswissenschaft*, Heidelberg 1817/1818, Nachschrift v. Peter Wannenmann, GW 26,1: 91 f. und Eduard Gans: *Philosophische Schriften.* Hg. v. H. Schröder. Berlin 1971, 110.

[3] (*S. 17*) *M. Tullii Ciceronis Tusculanarum quaestionum ad M. Brutum Liber quintus. In: M. Tullii Ciceronis Operum volumen quartum.* Leipzig 1737, 425 f.: „Socrates autem primus philosophiam devocavit e caelo, & in urbibus collocavit, & in domos etiam introduxit, & coegit de vita, & moribus, rebusque bonis, & malis quaerere." Zur Rezeptionsgeschichte vgl. die Paraphrase jener Stelle aus den *Tusc.* bei J. W. v. Goethe, *Wilhelm Meisters Wanderjahre oder die Entsagenden. Drittes Buch* (*Goethe's Werke. Vollständige Ausgabe letzter Hand.* Dreyundzwanzigster Band. Stuttgart/Tübingen 1829, 221 f.): „Es mochten die damals noch unentdeckten kleinen Planeten sein. Denn aus andern Angaben ließ sich schließen, daß sie [Makarie], längst über die Bahn des Mars hinaus, der Bahn des Jupiter sich nähere. Offenbar hatte sie eine Zeitlang diesen Planeten, es wäre schwer zu sagen in

welcher Entfernung, mit Staunen in seiner ungeheuren Herrlichkeit betrachtet und das Spiel seiner Monde um ihn her geschaut; hernach aber ihn auf die wunderseltsamste Weise als abnehmenden Mond gesehen, und zwar umgewendet, wie uns der wachsende Mond erscheint. Daraus wurde geschlossen, daß sie ihn von der Seite sehe und wirklich im Begriff sei, über dessen Bahn hinauszuschreiten und in dem unendlichen Raum dem Saturn entgegenzustreben. Dorthin folgt ihr keine Einbildungskraft, aber wir hoffen, daß eine solche Entelechie sich nicht ganz aus unserm Sonnensystem entfernen, sondern, wenn sie an die Grenze desselben gelangt ist, sich wieder zurücksehnen werde, um zugunsten unsrer Urenkel in das irdische Leben und Wohltun wieder einzuwirken."

4 (*S. 21*) Vgl. den Titel von Newtons Hauptwerk *Philosophiae naturalis principia mathematica*. London 1687. In Hegels Bibliothek befand sich die Ausgabe Amsterdam 1714. Ausweislich einer eigenen Fußnote Hegels zum § 266 der zweiten Auflage der *Encyclopädie* von 1827 und des darin wiedergegebenen Zitates, deren Ausführungen mit den vorliegenden inhaltlich übereinstimmen (GW 19: 202), bezieht Hegel sich auf Newton: *Principia mathematica*, 5. *Definitio VIII*. Vgl. in der Übersetzung von Wolfers Isaac Newton: *Mathematische Prinzipien der Naturlehre*. Berlin 1872 [Nachdruck: Darmstadt 1963], 24 f. Weitere Referenzen auf Newton finden sich in Meists Anmerkungen zur Planetenschrift (GW 5: 807-810). Es wurde darauf verzichtet, die Zitatauswahl Meists in diese Studienaufgabe auszunehmen. Stattdessen sei auf Wolfers alte Übersetzung oder Ed Dellians neuere Teilübersetzung innerhalb der *Philosophischen Bibliothek* hingewiesen, mit der die Quellenangaben Meists verglichen werden können. Vgl. Isaac Newton: *Mathematische Grundlagen der Naturphilosophie*. Übers. u. eingel. v. E. Dellian. Hamburg 1988.

5 (*S. 23*) Lassons Übersetzung lautet ursprünglich: „[…] so wäre es Kepler ein leichtes gewesen, dem rein mathematischen Ausdruck der von ihm entdeckten, unsterblichen Gesetze eine physikalische Gestalt zu geben." Neuser (1986, 87 u. 89) übersetzt hier syntaktisch korrekter: Für Kepler „wäre es gewiss sehr leicht gewesen, die physikalische Gestalt der unveränderlichen Gesetze, die er entdeckt hatte, mit einem rein mathematischen Ausdruck zu versehen […]".

Wichtige Hinweise zur Interpretation bei Cinzia Ferrini: „On Newtons Demonstration of Kepler's Second Law in Hegel's De Oribtis Planetarum (1801)". In: *Philosophia naturalis* 31 (1994), 150–170, für die Verweise auf Castels Newtonkritik und das Referat darüber in Montuclas Mathematikgeschichte als maßgebliche Quellen Hegels und die Auflösungsvorschläge für „*immortalium legum*" etc. Die darin präsentierten Quellen Hegels: *Traite de physique sur sa pesanteur universelle des corps.* Par le R. P. Castel, de la Compagnie de Jésus. Tome II, Paris, A. Cailleau, 1724, 511 ff. Und J. E. Montucla: *Histoire des Mathématiques,* Tome II, Paris, Jombert, 1758, 411–418.

[6] (*S. 25*) Hegel bezieht sich auf das dritte Gesetz Keplers, wonach die Quadrate der Umlaufzeiten zweier Planeten sich wie die dritten Potenzen der großen Halbachsen ihrer Bahnen verhalten. Vgl. Johannes Kepler: *Harmonices mundi libri V.* Linz 1619. Liber V. Caput III. 184 ff. Zu Hegels Bezugnahme vgl. F. W. J. Schelling: *Der Ferneren Darstellung aus dem System der Philosophie anderer Theil.* In: *Neue Zeitschrift für spekulative Physik. Herausgegeben v. F. W. J. Schelling, Professor in Jena. Ersten Bandes zweytes Stück.* Tübingen 1802, 70-75.

[7] (*S. 73*) Mit diesem Hinweis auf eine nach der Entdeckung der Ceres durch Piazzi im Januar und Februar 1801 zeitgenössisch international wiederbelebte Diskussion über die Abstände der Planetenbahnen und in Verbindung damit die Frage nach einer arithmetisch definierten Ordnung des Sonnensystems bezieht sich Hegel einerseits resümierend auf eine zentrale Fragestellung im Werk von Kepler und andererseits auf deren Weiterführung nach der Formulierung der Titius-Bode-Reihe. Vgl. Johann Elert Bode: *Anleitung zur Kenntniß des gestirnten Himmels.* 6. verbesserte Aufl. Berlin 1792, 565 f.: „Innerhalb der Bahn des Merkurs läßt sich schwerlich ein noch unbekannt gebliebener Planet gedenken: allein, wozu auf einmal der zwischen Mars und Jupiter befindliche verhältnißmäßig zu große Raum? Wer weiß, ob nicht auch daselbst noch ein von uns bisher nicht bemerkter Hauptplanet seine ihm von der Allmacht vorgezeichnete Laufbahn durchwandelt?" Fußnote dazu: „Das Daseyn dieses Planeten scheint insbesondere aus einem merkwürdigen Verhältniß zu folgen, welches die nunmehr bekannten sieben Hauptplaneten in ihrer Entfernung von der Sonne beobachten. Man nenne, um dies nur beyläufig in

kleinen Zahlen darzustellen, den Abstand des Saturns von der Sonne 100, so ist der Merkurius 4 solcher Theile von der Sonne entfernt. Die Venus 4 und 3 = 7. Die Erde 4 und 6 = 10. Der Mars 4 und 12 = 16. Nun aber kommt eine Lücke von dieser so ordentlichen Progreßion. Vom Mars an folgt ein Raum von 4 und 24 = 28 Theilen, worin bis jetzt noch kein Planet gesehen wird. Sollte der Urheber der Welt diesen Raum leer gelassen haben? dies ist nicht wahrscheinlich. Von hier kommen wir zu der Entfernung des Jupiters durch 4 und 48 = 52, des Saturns durch 4 und 96 = 100, und endlich des Urans durch 4 und 192 = 196 Theile." Vgl. in der Einleitung die Ausführungen von Titius (S. XVI f.).

[8] (*S. 73*) Vgl. Platon und *anoymus neoplatonicus*: *Timaios* und *Timaios Lokros*. In: Platōnos hapanta ta sōzomena [Transkr. d. Hg.]. *Platonis opera quae extant omnia. Ex nova Ioannis Serrani interpretatione, perpetuis eiusdem notis illustrata: quibus & methodus & doctrinae summa breuiter & perspicue indicatur. Eivsdem Annotationes in quosdam suae illius interpretationis locos. Henr. Stephani de quorundam locorum interpretatione iudicium, & multorum contextus Graeci emendatio*. Bd. 3. [Basel] 1578, 34b–36d, bes. 35b–35c; 95 f., 100 f. An zeitgenössischen Übertragungen des Timäus Lokrus sind anzuführen: *Von der Welt-Seele*. Aus dem Griechischen übersetzt von Johann Georg Schulthes. Zürich 1779. Und: Timäus der Lokrier: „Von der Weltseele". Übersetzt v. Gottfried Bardili. In: *Beyträge zur Geschichte der Philosophie*. Hg. v. G. G. Fülleborn. Neuntes Stück. Jena und Leipzig 1798, 2–27. Übersetzung vgl. Platon: *Timaios*. Hg. v. Manfred Kuhn. Hamburg 2017.

[9] (*S. 75*) Vgl. Conrad Dietrich Martin Stahl: *Anfangsgründe der Zahlenarithmetik und Buchstabenrechnung zum Gebrauch bei Vorlesungen*. Jena/Leipzig 1797, „2. Von der Ausziehung der Kubikwurzel", 201 ff. Hegel las in Jena Mathematik nach der 2. Aufl. 1802. Vgl. Kimmerle, *Hegel-Studien* 4 (1966), 55. Zu Hegels Interpolationsfehlern vgl. Neuser 1986, 50 ff.

PERSONENREGISTER

Im Register sind nur Personen aufgeführt, die in den drei Hegel'schen Texten Erwähnung finden. Die Seitenzahlen beziehen sich auf die Titelblätter und die deutsche Übersetzung.